PÓS-VERDADE E *FAKE NEWS*

PÓS-VERDADE E *FAKE NEWS*

Reflexões sobre a guerra de narrativas

Mariana Barbosa
(org.)

Cobogó

"ISSO A IMPRENSA NÃO MOSTRA"

APRESENTAÇÃO

[Mariana Barbosa]

A era das redes sociais começou com a promessa de libertação e empoderamento de minorias, mas parece estar nos levando para as trevas da desinformação. Algumas primaveras (árabes) depois, vivemos atolados em um mar de lama de *fake news*, em que acreditar que a Terra é plana, que o aquecimento global é invenção globalista e que não se deve vacinar os bebês são apenas os exemplos mais salientes.

A disseminação de mentiras tem colocado à prova a própria noção de verdade e revela uma inquietante perda de confiança em instituições que outrora eram portadoras da verdade: a imprensa, a ciência e as elites intelectuais em geral.

Ajudar a compreender o fenômeno da pós-verdade em suas dimensões política, tecnológica, filosófica, jurídica e jornalística é a proposta deste livro. Os artigos e entrevistas aqui reunidos são um convite a uma reflexão mais detida e, também, uma tentativa de apontar caminhos para uma atuação mais consciente nas redes a fim de que estejamos, como sociedade, mais preparados para enfrentar suas consequências.

"A confiança está sendo minada nas redes sociais, com novas crenças e novos valores que contestam o método científico e desafiam consensos há tempos estabelecidos", escrevem Fernanda Bruno e Tatiana Roque em "A ponta de um *iceberg* de desconfiança", artigo que abre este volume. As autoras questionam o consenso – muito disseminado nas eleições de 2018 no Brasil e também em análises sobre a ascensão do nacionalismo em todo o mundo – de que uma massa de ignorantes manipuláveis está sendo influenciada por *fake news*. Para as autoras, é preciso analisar de forma mais profunda a motivação de quem repassa conteúdo notadamente falso para poder pensar em formas mais eficazes de combater esse tipo de comportamento. "A tarefa política, neste contexto, é menos a de denunciar a falsidade desses conteúdos do que de disputar os valores em jogo", dizem.

Em "*Fake news* definem uma eleição?", Francisco Brito Cruz se detém na análise dos fenômenos que levaram ao sucesso da campanha de Jair Bolsonaro e de como a "utopia da desintermediação" da mídia tem levado a uma valorização da ideia de que existe uma conexão direta dos políticos com as suas bases. "A falta de confiança na mediação leva-nos a presumir automaticamente que as coisas são verdadeiras quando são transparentes, que a representação sempre falsifica e que todo segredo é ilegítimo", escreve Brito Cruz. Entender como se dá a mediação do conteúdo pelos gigantes da tecnologia – incluindo os interesses comerciais e políticos envolvidos e o nosso papel enquanto curtidores e compartilhadores de conteúdo – é, portanto, essencial.

Políticos autoritários, à esquerda e à direita, se notabilizam por ataques contra a mídia tradicional. Sua arma para desacreditá-la é dizer que as reportagens que veiculam – em particular quando desagradam ao interlocutor e o incomodam – não passam de *fake news*. Esses políticos e seus seguidores também são mestres em compartilhar pseudonotícias, de veículos de origem duvidosa, acompanhadas do bordão "isso a imprensa não mostra". Talvez haja uma razão para isso.

Em "*News* não são *fake* – e *fake news* não são *news*" o jornalista Eugênio Bucci separa o joio do trigo. "As notícias produzidas pelas redações profissionais podem ser mentirosas

– e lamentavelmente isso acontece muito –, mas não são *fake*. O bordão dos conservadores abrutalhados não tem sentido, não tem lógica, não tem fundamento – e entender o porquê é vital."

É sintomático, observa Eugênio Bucci, que, para se passar por verdade ou atrair um mínimo de confiança, as *fake news* imitem a forma do jornalismo. "Por mais que tenhamos problemas sérios com a credibilidade do jornalismo, as *fake news* são uma prova em negativo de que algum crédito o jornalismo ainda merece na sociedade."

Dora Kaufman acrescenta uma perspectiva tecnológica para o fenômeno das *fake news* – e como ele está se tornando ainda mais complexo com a evolução dos algoritmos de inteligência artificial. No artigo "A inteligência artificial mediando a comunicação: impactos da automação", a autora analisa o impacto da automação na comunicação – desde a radicalização de opiniões por meio da promoção de "bolhas" ou "câmaras de eco" até a produção automatizada de *fake news*, também conhecidas como *deep fakes*. "A recente explosão de dados, contudo, mudou a forma como a informação flui: em vez de um livre acesso, a automação entrega uma informação personalizada por filtragens de conteúdo. Em suma: deslocamos o *gatekeeper* humano para o *gatekeeper* algoritmo, que capta, organiza e dá acesso à informação digitalizada."

Em "Desconstruindo as *fake news*: o trabalho das agências de *fact-checking*", Gilberto Scofield Jr. traz a perspectiva daqueles que tentam – incansavelmente – desmentir as *fake news*: as agências de checagem de fatos: "[...] o movimento jornalístico de checagem de fatos cresce num ambiente em que a imprensa perdeu a exclusividade como mediadora do debate público e, com a emergência das redes sociais, perdeu até mesmo a autoridade para definir o que é notícia."

A educação midiática – como formar jovens para que sejam capazes de navegar nas redes com consciência, responsabilidade e senso crítico – é o tema de Alexandre Sayad. No artigo "Idade Mídia: uma Idade Média às avessas" ele analisa os desafios que a nova dieta de mídia impõe às escolas e aos educadores, trazendo exemplos de experiências bem-sucedidas. "Não há trevas como no passado medieval, mas um excesso de luz igualmente perturbador. O conhecimento, por um lado, não é escasso nem restrito ao mundo eclesiástico – está potencialmente distribuído, disponível a quem estiver apto a conectar-se com ele. Por outro lado, há muita desinformação provocada, ironicamente, pela abundância."

Em "Liberdade de expressão ou dever de falar a verdade?", Ronaldo Porto Macedo Jr. apresenta os dilemas jurídicos da era da pós-verdade e alerta para os riscos à liberdade de expressão na tentativa de combater as *fake news:* "[...] os recorrentes alarmes sobre os riscos que a democracia corre ao não censurar as 'notícias falsas' são frequentemente casos notórios de *fake news* ou de mal disfarçada censura", escreve o autor.

Em "*Fake news* e o futuro da nossa civilização", Joel Pinheiro traz uma perspectiva histórica e filosófica para explicar o caos civilizatório em que nos encontramos. "Abrimos uma caixa de Pandora. E ela não poderá ser fechada", escreve o autor, que também tenta apontar caminhos. "A educação, mais do que acúmulo de informação, tem de nos preparar para pensar criticamente e saber avaliar diferentes argumentos. A crença iluminista sobre a natureza humana estava equivocada, mas o projeto iluminista de emancipar a todos pelo uso da razão segue sendo, fora das tradições religiosas, nossa maior aspiração coletiva. Pensar por conta própria nunca foi um desafio tão grande."

Esta coletânea de artigos se completa com duas entrevistas exclusivas: com Peter Warren Singer, cientista político norte-americano especializado em guerras no século XXI, e com a jornalista Patrícia Campos Mello, da *Folha de S.Paulo*.

Singer é autor do aclamado *LikeWar: The weaponization of social media* (2018, HMH), que explora como as mídias sociais estão mudando a natureza das guerras e da política – e como a guerra e a política estão transformando as redes sociais. Apesar de um prognóstico sombrio, Singer acredita que é possível combater a disseminação de falsidades nas redes – mas o esforço tem de ser coletivo, envolvendo governos, empresas de tecnologia e sociedade.

Patrícia Campos Mello virou notícia durante as eleições de 2018. Depois de denunciar com uma reportagem na *Folha de S.Paulo* o compartilhamento em massa de *fake news* por parte de apoiadores do então candidato Jair Bolsonaro, passou a ser, ela mesma, alvo de uma agressiva campanha de ódio nas redes.

A disseminação de *fake news* tem provocado mal-estar na sociedade. Precisamos urgentemente nos nutrir de uma dieta rica em informação de qualidade, livre de conteúdos tóxicos e *junk news*. Esta obra não oferece receitas prontas, mas é um chamado à reflexão sobre o nosso consumo de mídia – individualmente e como sociedade.

A PONTA DE UM *ICEBERG* DE DESCONFIANÇA

[Fernanda Bruno e Tatiana Roque]

Por seu papel decisivo nas eleições, notícias falsas viraram um fato político assustador. Atribui-se à circulação de *fake news* boa parte da fidelidade dos eleitores a Jair Bolsonaro – bem como a Donald Trump, nos Estados Unidos. Fenômenos similares têm sido vistos em outros países.

Análises políticas sobre o fenômeno supõem, com frequência, que os eleitores acreditam ingenuamente nas mensagens que recebem. Mas isso envolve um processo bem mais complexo, que tem a ver com a produção de credibilidade e confiança, fatores essenciais ao funcionamento da democracia.

Há algo de simplista na tese de que as pessoas repassam notícias falsas porque acreditam que sejam verdadeiras. Mesmo quando dizem que acreditam no *kit gay*, por exemplo, como indicou a pesquisa IDEIA Big Data/Avaaz,[1] a resposta pode ser mais bem interpretada considerando a questão da credibilidade.

Uma notícia que gera confiança não precisa ser necessariamente verdadeira. A hipótese de que pessoas que repassam notícias falsas teriam pouco discernimento ou seriam altamente influenciáveis implica supor que uma enorme parcela da população tem um déficit cognitivo e intelectual. Além de confortável, é politicamente arrogante não considerar que essas pessoas tenham algo de pertinente a dizer.

O que pode ter levado tanta gente a repassar notícias falsas, movimento aparentemente tão decisivo para a eleição de Bolsonaro? Para além do julgamento sobre a veracidade, outros fatores podem ter gerado um ambiente de credibilidade para as *fake news*.

Retomando as teses de Y. Benkler em *Network Propaganda*,[2] Francisco Brito Cruz e Mariana Valente, em artigo publicado no *El País*, reforçam que, mesmo com o uso de mecanismos de disseminação de desinformação em massa, a viralização de mensagens no WhatsApp e sua conversão em voto depende do engajamento dos usuários no repasse das mensagens para que elas cheguem a outras pessoas e a grupos específicos.[3]

Um dos pontos fortes da estratégia eleitoral de Bolsonaro foi a difusão de mensagens em grupos, de confiança nos quais as relações entre os participantes vêm sendo construídas há tempos – desde 2014 – e a partir de interesses que não se restringem a política. Mensagens produzidas pelo aparato de campanha eram compartilhadas nesses grupos, de modo voluntário, por apoiadores reais do candidato. Após receber as mensagens, essas pessoas decidiam passá-las adiante, enxameando a rede. Ao fazer isso, a campanha de Bolsonaro incorporou um pressuposto que vem sendo usado por estratégias de segmentação de propaganda: pessoas que repassam mensagens para seus grupos de afinidade têm papel particularmente relevante, pois geram confiabilidade, ou seja, a propagação de uma mensagem é mais efetiva quando feita por pessoas com as quais as outras se identificam, e não por agentes facilmente reconhecíveis como propagadores interessados.

Além de analisar algumas estratégias da máquina de produção de mensagens para gerar credibilidade, buscamos entender o modo como os receptores podem estar lidando com a veracidade dessas mensagens. Pesquisas na área da psicologia vêm sendo usadas por organismos de inteligência para tentar entender a eficiência do que designam como "propaganda russa". Tornou-se popular um documento da RAND Corporation[4] apontando como central a técnica de *firehosing*, isto é, apontar para o receptor uma mangueira com grande intensidade de água, como a que é usada para apagar incêndios.

A metáfora da mangueira remete a um imenso volume de mensagens disparado por diferentes canais, em ritmo rápido, contínuo e repetitivo. Trata-se de uma técnica de disseminação usada para dar credibilidade ao conteúdo gerado. Algumas características são essenciais, como a agilidade de chegar primeiro e criar a primeira impressão. Esse imediatismo é difícil de ser contraposto pela imprensa, que em geral precisa apurar as notícias.

Estudos de psicologia, como os de Stephan Lewandowsky,[5] mostram que uma informação tida inicialmente como válida continua a influenciar o julgamento das pessoas, mesmo se provada falsa. Além de difundidas em grande volume, as mensagens da máquina de propaganda provêm de diferentes canais, o que favorece a credibilidade. Quando submetidas a um grande volume de informação, as pessoas usam heurísticas variadas para determinar se uma informação é digna de crédito, e a multiplicidade das fontes é um fator decisivo.

Ainda que o uso de WhatsApp em processos eleitorais não seja uma novidade, a centralidade tática dessa técnica nas eleições brasileiras de 2018 é distinta do que já vinha sendo feito no resto do mundo. A estratégia de segmentação de mensagens para grupos específicos, empregada pela campanha de Donald Trump com auxílio da Cambridge Analytica, já deu o que falar. Mas, nesse caso, a propaganda era feita no Facebook, com técnicas de impulsionamento direcionado. O pulo do gato era o envio de mensagens para grupos específicos, com maior propensão a absorvê-las e repassá-las. Como fazer isso no WhatsApp, uma rede com postagens privadas e criptografadas?

Foi bastante engenhosa a tática da campanha de Bolsonaro visando segmentar mensagens para WhatsApp. Grupos de afinidade vinham sendo construídos havia algum tempo, com mecanismos elaborados para envio direcionado de conteúdo. Em reportagem de 22 de outubro de 2018 no *Intercept*,[6] foram exibidas algumas estratégias para selecionar palavras-chave, descobrir interesses específicos e enumerar perfis (pobres, jovens, mulheres etc.). Programas computacionais são usados para monitorar e distribuir conteúdo em grupos de diabéticos, de torcedores de times de futebol, de motoristas de Uber, de divulgação de vagas de emprego, de colegas de trabalho ou de vizinhos. Esse foi um dos elementos essenciais do ecossistema informacional que atuou na disseminação de notícias falsas pró-Bolsonaro, combinando estratégias que envolveram a contratação de serviços para criação e difusão massiva de mensagens, incluindo o uso de *chips* internacionais e listas de números telefônicos obtidas de forma escusa.[7]

Se considerarmos que 24% dos eleitores brasileiros compartilham notícias políticas por WhatsApp,[8] podemos dimensionar a influência de uma tal enxurrada no processo eleitoral.

Para além das técnicas sofisticadas desse aparato de disseminação de mensagens, precisamos considerar outros fatores que podem influenciar seu compartilhamento. Como ainda há poucas pesquisas com foco no receptor, é difícil apresentar respostas sobre as motivações das pessoas ao repassarem *fake news*. Por isso mesmo, é importante formular hipóteses: elas podem auxiliar na elaboração de perguntas mais detalhadas, voltadas para a investigação das crenças e dos valores das pessoas que aderem às narrativas veiculadas nas redes. Podem existir desde aqueles que acreditam duvidando até aqueles que repassam mesmo sem acreditar plenamente – fora os que não se importam se a notícia é verdadeira ou não. Esse quadro é bem mais complexo do que a tese de que pessoas repassam *fake news* porque são ignorantes ou manipuláveis.

O fenômeno da pós-verdade pode ser apenas a ponta do *iceberg*: por baixo há um mundo em que a confiança está se dissolvendo. A confiança está sendo minada nas redes sociais, com novas crenças e novos valores que contestam o método científico e desafiam consensos há tempos estabelecidos.

As interações nas redes sociais são um terreno fértil para estudos sobre os processos cognitivos envolvidos na persuasão e na formação de consensos sociais. Festinger já havia mostrado, em 1957, que as pessoas tendem a aceitar informações compatíveis com suas crenças anteriores e as processam com mais fluência.[9] Isso torna essas informações mais familiares e propensas a serem aceitas.[10] Essas mesmas pesquisas mostram que, quanto mais uma informação é compatível com crenças e conhecimentos anteriores, mais resistentes se tornam à refutação ou à correção. Atribuir toda essa força das crenças à religião parece-nos insuficiente. Talvez estejamos vivendo uma crise nos modos tradicionais de aferição da verdade. Não um questionamento da verdade como relevante, e sim uma crise no modo como sabemos se algo é ou não verdadeiro. O modelo estabelecido pela ciência para obter verdades usa evidências às quais apenas os especialistas têm acesso. É como se dissessem: acreditem em nós, pois temos os atributos para fazer verificações consistentes. Essa opacidade dos regimes de verdade está sendo questionada – de forma bastante radical.

Um problema que vem se agravando nos últimos anos é o controle, por um pequeno grupo de pessoas, sobre informações essenciais à tomada de decisões que afetam todo mundo. Ataques a diferentes elites intelectuais têm a ver com isso. São muitos os domínios, que impactam direta e gravemente a vida dos cidadãos, em que decisões são tomadas por especialistas, sem que a população diretamente afetada possa interferir.

Na economia isso é cada vez mais nítido, com medidas de austeridade sendo impostas por argumentos tecnocráticos com poder de vida e morte sobre populações. Quem estabelece os padrões da dívida pública? Quem decide as taxas de juros? Quem constrói os *rankings* dos países que determinam investimentos? A população não tem acesso a escolhas que produzem esses "números mágicos". Tal distanciamento da população é mais um fator a produzir desconfiança em relação às normas estabelecidas pelo conhecimento de especialistas.

O mesmo vem acontecendo com a ciência, o que indica a generalização de um sintoma social que vai bem além das *fake news*. Decisões de políticas públicas para combater o aquecimento global ou para regular o uso de agrotóxicos ou de organismos geneticamente modificados, por exemplo, envolvem pesquisas às quais poucas pessoas têm acesso. Pede-se somente que confiem nos especialistas. Mas essa transferência de autoridade, baseada na confiança, não funciona mais como antes.

Outro indício dessa crise de confiança aparece no debate sobre aquecimento global. Apesar de ser consenso entre cientistas, o fenômeno é negado por comunidades barulhentas contra as quais, frequentemente, parece inútil argumentar. Também nesse meio tem crescido a percepção de que a melhor maneira de combater a adesão às notícias falsas não é pela difusão da verdade. Ou seja, o fenômeno da pós-verdade tem mudado os consensos estabelecidos sobre a própria efetividade da argumentação científica – e sobre a pertinência social de seus critérios.

Diante desse dilema, que choca nosso senso científico, já se admite que talvez precisemos atualizar o modo de mobilizar evidências. Naomi Oreskes, historiadora da ciência na Harvard University, chega a apontar certo "fetichismo metodológico" de cientistas que destituem evidências não muito ortodoxas em suas pesquisas. Por exemplo, psiquiatras demoraram demais para estabelecer a relação entre a pílula anticoncepcional e a depressão de mulheres porque as evidências eram, em sua maioria, testemunhos. Para voltar a adquirir confiança pública, a argumentação científica precisaria incorporar outras formas de evidência, incluindo experiências e valores. Dito de modo direto, temos que perguntar às pessoas como elas se sentem em relação a uma afirmação, mesmo científica, e levar essa evidência a sério.

Oreskes é coautora do livro *Mercadores da dúvida*,[11] que descortinou as táticas de cientistas renomados para, com apoio de empresários, lobistas e políticos, semear dúvidas e evitar medidas regulatórias que afetariam seus negócios. Refletindo sobre a maneira mais eficiente de argumentar contra aqueles que negam o aquecimento global, a conclusão é que verdades científicas podem ser inúteis ou até prejudiciais. Uma ideia alternativa seria gerar consciência sobre o papel do homem nas mudanças climáticas promovendo valores que possam ser mais amplamente compartilhados. Trata-se de uma versão adaptada da aposta de Pascal, que, em meio a debates acalorados e provas da existência de Deus, dizia: acreditar que Deus existe é mais seguro caso ele realmente exista – se ele não existir, não se perde nada; se ele existir, todos ganham. Oreskes sugere uma estratégia análoga para a questão do clima. Se não prevenirmos o aquecimento global e isso realmente estiver ocorrendo por interferência do homem, as pessoas vão sofrer e nosso mundo será irremediavelmente prejudicado. Se isso não estiver ocorrendo, não perderemos nada, pois teremos de todo modo criado um mundo melhor, com mais cuidado com o planeta e a natureza. A argumentação e a avaliação quanto à veracidade do aquecimento global passam a ser envolvidas, assim, por uma camada de valores.

O fenômeno Bolsonaro, que é parte de uma realidade mais ampla de ascensão da extrema direita, precisa ser entendido na esfera dos valores. A indignação antissistema e a certeza de que é preciso defender valores familiares criam um ambiente de indiferença em relação à veracidade na política. Parece ser mais importante proteger um mundo visto como ameaçado. É significativo que as oito imagens falsas mais compartilhadas num conjunto de 347 grupos públicos de WhatsApp monitorados no período anterior ao primeiro turno eleitoral não façam menção direta aos candidatos à Presidência,[12] e sim a um conjunto de ideias e valores que davam suporte à campanha de Jair Bolsonaro, como o antipetismo e os temores e tabus relacionados à defesa de direitos no âmbito da diversidade sexual e do feminismo.[13] Percebe-se claramente que a tarefa política, nesse contexto, é menos a de denunciar a falsidade desses conteúdos do que de disputar os valores em jogo.

Estudos sobre estratégias de combate à desinformação dizem o seguinte: não espere contrariar a enxurrada de falsidades com um esguicho de água da verdade.[14] Mensagens que suscitam emoções fortes são particularmente persuasivas: asco, medo ou raiva são sensações que levam uma pessoa a repassar imediatamente uma mensagem.[15] Isso só confirma que o engajamento no repasse da mensagem pode estar menos vinculado à veracidade de seu conteúdo do que à sua pertinência a um conjunto de convicções coletivas. A repetição de mensagens em grupos de afinidade leva à familiaridade, que, por sua vez, leva à aceitação. Ou seja: mensagens falsas têm apelo quando relacionadas a identidades de grupo, pois as pessoas são mais suscetíveis a aceitar uma informação consistente com outras mensagens nas quais elas já acreditam e que compartilham com seu meio.

Na política, mais ainda do que na ciência, o combate à desinformação não pode se contentar com a defesa dos critérios clássicos de objetividade. Um novo regime de credibilidade e de evidência pode estar mobilizando um grande número de pessoas a se engajar em opções políticas estranhas aos modos tradicionais de argumentação no debate público. Pode não ser necessário abrir mão de todos os critérios construídos há tanto tempo para produzir consensos. Mas enfrentar a força eleitoral do conservadorismo implica construir uma alternativa convincente, que traga consigo os valores que levariam mais pessoas a apostar nessa opção.

Hoje, a subjetividade irrompe por toda parte. Perpassa a crença, a vontade e os valores; questiona a separação entre o público e o privado, entre a alma e o corpo, entre a cidadania e o íntimo, entre o neutro e o voluntarioso. A ação política exige a construção de ambientes coletivos que incluam as demandas da subjetividade, mas focando em valores compartilhados que restabeleçam a confiança no social. Não sairemos dessa crise de confiança, que afeta uma gama tão ampla de instituições, apenas reafirmando verdades frias. No embate contra a banalização da mentira, mais vale fortalecer ações e valores favoráveis à vida coletiva do que contra-atacar com a lupa da objetividade.

NOTAS

1. IDEIA Big Data/Avaaz. "Eleições e fake news", outubro de 2018. Disponível em: <https://avaazimages.avaaz.org/PO%20IDEIA%20-%20Relatorio%20AVAAZ_v2_PO%20version%20%281%29.pdf>.

2. BENKLER, Yochai; FARIS, Robert e ROBERTS, Hal. *Network Propaganda: Manipulation, disinformation, and radicalization in American politics*. Oxford: Oxford University Press, 2018.

3. CRUZ, Francisco Brito e VALENTE, Mariana. "É hora de se debruçar sobre a propaganda em rede de Bolsonaro", *El País*, acesso em: 21/10/2018. Disponível em: <https://brasil.elpais.com/brasil/2018/10/18/opinion/1539892615_110015.html>.

4. PAUL, C. e MATTHEWS, M. "The Russian 'Firehose of Falsehood' Propaganda Model". RAND Corporation, 2016. Disponível em: <https://www.rand.org/pubs/perspectives/PE198.html>.

5. LEWANDOWSKY, Stephan et al. "Misinformation and its Correction: Continued Influence and Successful Debiasing", *Psychological Science in the Public Interest*, v. 13, n. 3, pp. 106-131, 2012.

6. AUDI, Amanda e DIAS, Tatiana. "VÍDEO: Seu número de telefone vale 9 centavos no zap dos políticos", *The Intercept*, acesso em: 22/10/2018. Disponível em: <https://theintercept.com/2018/10/22/whatsapp-politicos>.

7. CAMPOS MELLO, Patrícia. "Empresários bancam campanha contra o PT pelo WhatsApp", *Folha de S.Paulo*, acesso em: 18/10/2018. Disponível em: <https://www1.folha.uol.com.br/poder/2018/10/empresarios-bancam-campanha-contra-o-pt-pelo-whatsapp.shtml>.
8. Segundo pesquisa do Datafolha. Relatório Eleições 2018. Acesso em: 25/10/2018. Disponível em: <http://media.folha.uol.com.br/datafolha/2018/10/27/44cc2204230d2fd45e18b039ee8c07a6.pdf>.
9. FESTINGER, Leon. *A Theory of Cognitive Dissonance*. Palo Alto: Stanford University Press, 1957.
10. WINKIELMAN, P., HUBER, D.E., KAVANAGH, L. e SCHWARZ, N. "Fluency of Consistency: When Thoughts Fit Nicely and Flow Smoothly". In: GAWRONSKI, B. e STRACK, F. (orgs.). *Cognitive Consistency: A Fundamental Principle in Social Cognition*. New York: Guilford Press, pp. 89-111.
11. ORESKES, Naomi e CONWAY, Erik M. *Merchants of Doubt: How a Handful of Scientists Obscured the Truth on Issues from Tobacco Smoke to Global Warming*. New York: Bloomsbury Publishing USA, 2011.
12. RESENDE, G., MELO, P., SOUSA, H., MESSIAS, J., VASCONCELOS, M., ALMEIDA, J. e BENEVENUTO, F. (Mis)Information Dissemination in WhatsApp: Gathering, Analyzing and Countermeasures. The Web Conference, 2019 (cf. Resende et al 2019 cf. LUPA, 2018)Agência LUPA. "Imagens falsas mais compartilhadas no WhatsApp não citam presidenciáveis, mas buscam ratificar ideologias". Disponível em: <https://piaui.folha.uol.com.br/lupa/2018/10/18/imagens-falsas-whatsapp-presidenciaveis-lupa-ufmg-usp/>.
13. EVANGELISTA, Rafael; BRUNO, Fernanda. "WhatsApp and Political Instability in Brazil: Targeted Messages and Political Radicalization", *Internet Policy Review*, no prelo (cf. Evangelista e Bruno, no prelo).
14. PAUL e MATTHEWS (Paul e Matheus, op. cit.; SKURNIK, I.; YOON, C.; PARK, D. C.e SCHWARZ, N. "How Warnings about False Claims Become Recommendations", *Journal of Consumer Research*, 31, 713, 2005.Skurnik et al., 2005)
15. HERMIDA, Alfred. *Tell everyone: Why we share and why it matters*. Toronto: Anchor Canada, 2016.

FAKE NEWS DEFINEM UMA ELEIÇÃO?[1]

[Francisco Brito Cruz]

Trinta anos depois da promulgação da Constituição Federal, a maneira como a população brasileira se informa sobre política mudou.

As transformações que a internet trouxe para a nossa dieta de mídia – entendida como a composição do consumo de informações e conteúdos em diferentes meios por diferentes populações – impuseram uma série de desafios e novidades para a democracia brasileira com os quais ainda estamos aprendendo a lidar.

Talvez um desses desafios mais latentes derive da ideia de que é possível manipular a vontade popular – e, assim, a democracia representativa – a partir da disseminação de "notícias falsas".

Tomando o Brasil como exemplo, este ensaio destina-se a pôr essa ideia em perspectiva crítica, apresentando o contraponto de que as transformações na comunicação política ocorridas no decorrer das últimas três décadas colocam em xeque essa percepção de manipulação e conspiração.

Essa ideia pressupõe um manipulador ou um conspirador e o seu domínio sobre uma série de fatores que solapariam o processo democrático. Mas será que é isso mesmo?

Na saída do regime militar, a principal personagem da comunicação política foi a televisão. Impulsionada pelas políticas de expansão das telecomunicações realizadas pelos militares, a TV alcançou a casa da grande maioria dos brasileiros e, aberta a possibilidade das eleições diretas, tornou-se o verdadeiro palco da política, provendo espaço aos partidos por meio do horário eleitoral gratuito e de sua cobertura jornalística. Como se observa, a televisão modulou a disputa por votos, concentrando poder na mão de intermediários, como as grandes emissoras e os veículos de imprensa. Agindo conforme suas próprias lógicas profissional e empresarial, tais atores interagiam com os políticos, que buscavam espaço para se tornarem conhecidos e convincentes.

Desde 1989, a figura do marqueteiro despontou como central em campanhas para os principais cargos eletivos: políticos buscavam alguém que entendesse "a mente do brasileiro", por mais que a ideia de uma "mente do brasileiro" fosse absolutamente ficcional e abstrata. As propagandas políticas construíam-se em torno de narrativas grandiloquentes e as estratégias de campanha baseavam-se na performance dos políticos na lente da imprensa. Nesse contexto, era comum dizer que a política era intermediada pela mídia.

A chegada da internet trouxe promessas ambiciosas. A era da televisão estaria com os dias contados, e, na decadência do império da mídia de massa, decairiam a velha política de acordos de gabinete e o controle dos meios de comunicação sobre as narrativas.

Nessa "utopia da desintermediação",[2] a política democrática se tornaria menos elitista e mais transparente e a representação eleitoral, mais direta e sem manipulações. Com a adoção de outros meios de comunicação e informação, como a internet e as suas redes sociais, o filólsofo Daniel Innerarity escreve que o "fascínio" provocado pelas novas tecnologias revela que a única utopia que continua em vigor é a da desintermediação. A falta de confiança na mediação leva-nos a presumir automaticamente que as coisas são verdadeiras quando são transparentes, que a representação sempre falsifica e que todo segredo é ilegítimo. Não há nada pior que um intermediário.

Entretanto, na segunda década do século XXI, a percepção positiva da relação entre mídias sociais e política eleitoral arrefeceu, em razão de processos eleitorais que teriam sido maculados por uma espécie de "praga": as *fake news*.

Nesse sentido, a ideia da "desintermediação" fez emergir uma comunicação política apoiada no desprezo pelo jornalismo profissional e pelas organizações mediadoras antes presentes, como as emissoras de televisão. O sonho da desintermediação foi se transmutando em outras figuras. No seu cerne reside a ideia de que políticos estariam passando a se conectar diretamente com as suas bases, contornando as instituições de mediação responsáveis pela checagem das informações, pela ética jornalística e seus protocolos.

Conforme a dieta de mídia no Brasil foi mudando, tornando-se cada vez mais digital, a ideia de "desintermediação" ficou cada vez mais presente. Se, no início dos anos 2000, pouco mais de 30% dos brasileiros eram usuários de internet, no final dos anos 2010 esse número já supera os 70%.

Mesmo que as pessoas ainda tenham televisão em casa, pesquisas mostram que o tempo gasto na internet ultrapassa aquele passado diante da TV[3] e que essa tendência é impulsionada com vigor pelos padrões de consumo de mídia observados nas camadas mais jovens. Ao mesmo tempo que tais transformações foram acontecendo, a ideia de que da internet surgiria uma "nova política democrática" foi se turvando. A polarização política, o discurso de ódio e a disseminação de boatos nas redes sociais nublaram o céu azul da utopia de uma política sem intermediação. Mais do que isso, tais fenômenos evidenciaram que um novo tipo de intermediação se configurou.

A intermediação passou a ser realizada pelas plataformas de internet, como grandes redes sociais, empresas com forte base tecnológica que se viabilizaram a partir da inserção da computação e das redes de computadores em nossas vidas. Em termos de dieta de mídia, é nelas que cada vez mais passamos a nos alimentar, gastando nossa atenção em seus *feeds* e nas conexões com nossos amigos.

Assim como na televisão, essa atenção é coletada e revendida a anunciantes, mas agora em uma forma customizada, conforme nossas preferências pessoais. Se, por um lado, a personalização da informação disponível nos atrai com mais eficiência do que a programação pasteurizada e massificada de um canal de televisão, por outro ela também serve para que os anunciantes possam ter acesso a diferentes nichos de audiência ao mesmo tempo.

Esse novo conjunto de atores e dinâmicas comunicacionais que eles imprimiram fizeram desabar as barreiras que protegiam a posição das organizações de mídia de massa. Hoje, uma publicação em uma rede social feita gratuitamente – e em poucos minutos – por um indivíduo tem o potencial de alcançar mais pessoas do que um *spot* de campanha na televisão, que custa milhões de reais, dando novo sentido à ideia de militância e de apoio político.

Quando se esvaem, essas barreiras levam consigo proteções econômicas e políticas à autonomia do jornalismo e do entretenimento, permitindo que suas funções sejam expropriadas das lógicas de funcionamento que prevaleceram na maior parte do século XX. Dessa forma, para além da cortina de fumaça das "notícias falsas" está a diluição das divisões entre o que é jornalismo (e, nele, o que é notícia), propaganda política e entretenimento.

Se na mídia de massa a política era retratada quase como um esporte, a internet destravou as portas entre o campo e a arquibancada, franqueando a entrada de novos atores e lógicas no campo. Com efeito, diferentemente das emissoras de TV, por exemplo, esses novos intermediários não produzem o conteúdo que será consumido, e sim as suas condições de circulação. Quem produz ou propulsiona também somos nós: na foto do prato de comida que postamos, na curtida ou no compartilhamento. Ao nosso lado, empresas de mídia, jornais e revistas são convidadas a ocupar esse lugar. Assim, é inegável que isso abriu espaços inéditos de participação para muitas novas vozes no debate.

Tais transformações estabeleceram novas linhas de conflito entre as empresas de tecnologia e os seus próprios usuários, entre elas e as organizações de mídia de massa e, ainda, entre partidos e lideranças políticas. Esses conflitos explicitam que, com gigantismo global, empresas como Google, Facebook e Twitter engendraram ferramentas de autocomunicação de massa compatibilizadas com a sua viabilidade econômica, política e jurídica. Dessa maneira, imbuíram sua arquitetura de escolhas que privilegiam, por exemplo, o crescimento da base de usuários e da coleta de atenção desses indivíduos e que são sensíveis a riscos jurídicos e financeiros. Ao mesmo tempo que construídos para a abertura, a interatividade e o engajamento de seus usuários, seus serviços também congregaram a customização da circulação de informações conforme interesses pessoais, o que encontrou afinidades com dinâmicas de polarização política.

Nesse quadro, escolhas técnico-empresariais se encontram com fluxos de comportamento de usuários, produzindo afinidades e espaço para fenômenos problemáticos do ponto de vista democrático. Entre eles estão a perda de confiança na imprensa e, com isso, no conjunto de normas ético-profissionais do jornalismo; a polarização política, que abriu brechas para que boatos, manchetes sensacionalistas e performances políticas polêmicas dominassem a nossa atenção; e a dificuldade de consumo de informações no seu contexto adequado. Na prática, essas afinidades deram espaço também a novos atores que maliciosamente passaram a poder manipular essas vulnerabilidades do debate democrático intermediado pela internet.

No entanto, tal manipulação não se equipara com a caricatura de que há um titereiro puxando todas as cordas desse processo, por mais que o olhar treinado pela comunicação política típica da era da televisão acredite nessa miragem.

Esse novo tipo de intermediação é um elemento central na conformação das novas campanhas políticas. Na sua configuração para a interatividade em massa, plataformas de internet minaram hierarquias de poder e acesso a recursos e audiências entre a campanha "oficial" e seus possíveis apoiadores, o que também contribuiu para borrar o papel de coordenação de lideranças partidárias na dinâmica eleitoral e engendrar diferentes padrões de organização da comunicação política.

Essas possibilidades comunicacionais empoderaram uma nova multiplicidade de atores – e a interatividade e a urgência da competição eleitoral os alinharam. Campanhas televisivas, acostumadas com a ideia de se organizarem como orquestras conduzidas por maestros (os políticos e os especialistas em marketing eleitoral), foram substituídas por campanhas em rede. Nelas, componentes de tamanho e capacidade diversos se encaixam e trabalham em sinergia, aliança ou controlados uns pelos outros. Descentralizados, são unificados pelo processo democrático de tomada de decisão.

Assim, há tanto liberdade de ação e diversidade de motivação dos atores envolvidos como um possível objetivo comum da comunicação política, pois engatado na competição pelo voto e na polarização.

Entremeados nos modelos de negócio das plataformas de internet, esses componentes cresceram junto a um novo repertório de técnicas, surgidas entre combinações inusitadas entre práticas de publicidade comercial digital, ciberativismo e propaganda computacional.

Do uso de robôs ao microdirecionamento de publicidade, da mobilização de influenciadores à montagem de infraestruturas de distribuição de conteúdo pelo YouTube, a caixa de ferramentas da comunicação política se multiplicou, projetando um novo quadro de riscos a valores democráticos, mas pulverizando o seu acesso para além de seletas e nítidas elites partidárias. Esse tipo de campanha em rede e em várias plataformas representa uma inovação. Ela permitiu que campanhas políticas ocorressem sem um único núcleo principal que irradiasse a comunicação política, mas com uma performance de lideranças interligada a uma miríade de conteúdos produzidos por terceiros a elas alinhados.

No Brasil, a ascensão desses fenômenos coincide com uma crise do sistema político-partidário, estruturado durante trinta anos em torno das lideranças do PSDB e do PT e que entrou em colapso com os resultados da Operação Lava Jato e das eleições de 2018.[4] As novidades dessa nova intermediação na comunicação política apareceram amorfas em 2013, desencaixadas da competição eleitoral. Em 2014 e 2016, bateram na porta.[5]

Nas eleições de 2018, por sua vez, não havia mais porta, e o público que antes estava na arquibancada começou a jogar de fato o jogo da comunicação política, sem se importar se isso estava nas regras ou não. As evidências preliminares sobre esse processo eleitoral são que o campo antipetista liderado por Jair Bolsonaro e o PSL, mesmo excluído do acesso à mídia televisiva e aos recursos financeiros dos fundos estatais de financiamento partidário, colocou em prática uma verdadeira estrutura de campanha em rede.[6] Nesse sentido, um novo ativismo digital conservador tomou para si a tarefa de levar adiante a campanha, com inédita liberdade de ação prática. A julgar por pesquisas e investigações jornalísticas, tal estrutura possivelmente contemplou elementos amadores e profissionalizados, lícitos e ilícitos, controlados ou casualmente alinhados com o candidato e seu círculo de assessores que fizeram a diferença.

Aos olhos de parte da crônica política, a "anomalia" de processos eleitorais como o de 2018 se reflete tanto na aparência da campanha como no resultado que ela produz. Muitas vezes isso acaba por levantar hipóteses de causalidade entre uma coisa e outra. "Tal candidato ganhou por causa de *fake news*", afirma-se. Essas hipóteses, todavia, carecem de um trabalho empírico significativo, e, mesmo com a realização desse trabalho, podem surgir disputas de interpretação, pois muitos são os campos e as suas possibilidades de abordagem.

Antes de apontar relações de causa e efeito, velhas ou novas técnicas de campanha ou de propaganda não precisam ser vistas como fórmulas prontas, que, se isoladas e repetidas, produziriam os mesmos resultados independentemente dos atores políticos que delas participem ou de suas mensagens e posições. Pelo contrário, esses formatos podem ser observados como fenômenos sociais imbricados na relação entre mídia e política. Eles expressam a prática dos esforços de visibilidade e incidência desses atores políticos nas estruturas midiáticas disponíveis, produzindo resultados a depender de sua aderência às condições sociais e políticas da vez.

Nesse registro, as eleições brasileiras de 2018 carregaram uma boa dose de ineditismo e anomalia. O resultado apareceu fora da curva e as campanhas vitoriosas emplacaram maneiras muito diversas de articulação. Esse quadro dá uma lição aos que viam a chegada da internet de um jeito determinista e positivo. Ainda, estabelece que uma das tarefas mais difíceis da nossa época será aprender a lidar com nossas novas dietas de mídia, seja individual, seja coletivamente.

Nesse quadro, dois alertas são essenciais para uma leitura que evite determinismos ou tecnocentrismos. Em primeiro lugar, é essencial desnaturalizar a intermediação feita pelas plataformas de internet, entendendo-a como a combinação complexa de escolhas técnico-empresariais e o nosso comportamento na rede e em rede. Em segundo, repetir constantemente que essa combinação ocorre em um momento de enormes transformações econômicas, sociais, políticas e culturais em tamanho global, o que evidencia que esfacelamentos de *establishments* pela via eleitoral podem estar muito além de mentiras, boatos bem contados ou de engenharia social de larga escala.

Esses alertas evitam uma leitura desse fenômeno, o da influência da internet na circulação da comunicação política, carregada de condescendência para com os cidadãos que desconfiam do jornalismo profissional, que apague a tecnologia como decisiva ou, de outro lado, que enxergue resultados necessários a partir de sua presença nas democracias contemporâneas.

Fake news não foram a causa de vitória das eleições em que foram objeto de ojeriza. O que parece ter feito diferença, na verdade, foram estruturas de campanha em rede. Imbricadas em novas dinâmicas na comunicação política, tais constelações de componentes alinhados, porém sem um centro de coordenação, foram formadas a partir de transformações na forma como a sociedade brasileira produz, consome e circula informações sobre política. Interagindo com uma conjuntura política específica, suas alternativas eleitorais defendidas ganharam votos por aderir e dar consequência a problemas e conflitos sociais, econômicos e culturais reais.

NOTAS

1. Este ensaio é um desenvolvimento de dois trabalhos anteriores. Em primeiro lugar, aproveita-se fundamentalmente de minha tese de doutorado, defendida na Faculdade de Direito da Universidade de São Paulo em junho de 2019. Mais especificamente, apresenta-se como uma versão expandida de artigo de opinião publicado na *Revista E*, do Sesc-SP, sob o título "Aprendendo a lidar com uma nova dieta (de mídia)". (N. do A.)

2. Conceito criado pelo filósofo basco Daniel Innerarity. Ver: "Politics after Indignation: Possibilities and Limits of Direct Democracy". *EUI Working Papers RSCAS 2012/42*. Florença: Robert Schuman Centre for Advanced Studies, European University Institute, 2012.
3. Vale a pena entender melhor esse retrato observando as pesquisas realizadas pelo IBGE (a Pesquisa Nacional por Amostra de Domicílio), Cetic.br (tic Domicílios) e pela Secretaria de Comunicação da Presidência da República (a Pesquisa Brasileira de Mídia).
4. Essa crise é latente na memória coletiva mais recente e evidencia como macronarrativas encampadas pela própria imprensa brasileira incutem elementos relevantes nos processos de disputa política, como é o caso da questão da corrupção no país. Para mais sobre essa crise, ver: LIMONGI, Fernando e FIGUEIREDO, Argelina Cheibub. "A crise atual e o debate institucional", *Novos Estudos*. São Paulo, Cebrap, v. 36, n. 3, pp. 79-97, nov. 2017; NICOLAU, Jairo. "O triunfo do bolsonarismo: Como os eleitores criaram o maior partido de extrema direita da história do país". *Piauí*, nov. 2018; e NOBRE, Marcos. "A revolta conservadora: Bolsonaro será o líder de um governo antiestablishment", *Piauí*, dez. 2018.
5. Conforme visto nas seguintes pesquisas, por exemplo: BRAGA, Sérgio e CARLOMAGNO, Márcio. "Eleições como de costume? Uma análise longitudinal das mudanças provocadas nas campanhas eleitorais brasileiras pelas tecnologias digitais (1998-2016)". *Revista Brasileira de Ciência Política*, n. 26, pp. 7-62, 2018; e CHAIA, Vera e BRUGNAGO, Fabrício. "A nova polarização política nas eleições de 2014: Radicalização ideológica da direita no mundo contemporâneo do Facebook", *Aurora*, v. 7, n. 21, pp. 99-129, out. 2014-jan. 2015.
6. Os diagnósticos sobre as campanhas digitais de 2018 foram produzidos no âmbito de um esforço coletivo de pesquisa no InternetLab, liderado por mim e por Mariana Giorgetti Valente. Uma tentativa de síntese dessa iniciativa produziu um rascunho de interpretação dos dados e variáveis, publicado em ensaio no jornal *El País* com o título "É hora de se debruçar sobre a propaganda em rede de Jair Bolsonaro" (21 out. de 2018).

NEWS NÃO SÃO *FAKE* – E *FAKE NEWS* NÃO SÃO *NEWS*

[Eugênio Bucci]

> A liberdade de opinião é uma farsa se a informação sobre os factos não estiver garantida e se não forem os próprios factos o objecto do debate.
>
> Hannah Arendt, *Verdade e política*[1]

Se há algo que realmente preocupa na cena política de nossos dias, em que a política se afasta ainda mais da verdade factual, é o bordão de políticos autoritários ao acusar a imprensa de espalhar *fake news*. Donald Trump faz isso nos Estados Unidos, e seus alvos preferenciais são a rede de televisão CNN e o diário *The New York Times*. Há ondas caluniosas análogas, direta ou indiretamente apoiadas pelos chefes de Estado, na Rússia de Vladimir Putin, na Hungria de Viktor Orbán, na Turquia de Recep Tayyip Erdoğan, na Polônia de Jaroslaw Kaczynski, nas Filipinas de Rodrigo Duterte e no Brasil de Jair Bolsonaro. O bordão dos conservadores abrutalhados não tem sentido, não tem lógica, não tem fundamento – e entender por que é vital.

As notícias apuradas, editadas e veiculadas pelas redações profissionais podem, claro, conter informações incorretas e ideias absurdas. Podem mesmo trazer acusações falsas, difundir discursos de ódio e alastrar preconceitos. Podem ser mal-intencionadas ou simplesmente irresponsáveis. Mas notícias de jornal, ou, para usar o termo em inglês, as *news*, são verdadeiramente geradas por jornalistas que trabalham para um órgão de imprensa com todos os registros legais, com endereço certo e sabido e com editores passíveis de serem acionados caso faltem com a verdade. As notícias produzidas pelas redações profissionais podem ser mentirosas – e lamentavelmente isso acontece muito –, mas não são *fake*.

As *fake news* – que agora vitimam o debate público no mundo todo como um vírus que inverte os vetores dos processos decisórios democráticos – constituem outra modalidade de mentira. Incrível como até agora essa noção não foi assimilada. Nas *fake news*, a primeira fraude se refere à natureza daquele relato. Antes de dizer uma verdade ou uma mentira, as *fake news* falsificam sua condição: apresentam-se como enunciados produzidos por uma redação profissional, mas não são isso. As *fake news* simulam uma linguagem jornalística, às vezes adotam o jargão e os cacoetes de uma reportagem profissional em vídeo, áudio ou texto, mas são outra coisa. Elas se fazem passar por jornalismo sem ser jornalismo. São *news* falsificadas, mais ou menos como existem as notas de dólar falsificadas. A sua origem é desconhecida. Impossível encontrar o autor. Impossível ter com quem reclamar sobre seu conteúdo.

Com esse mimetismo comunicacional, as *fake news* enganam os sistemas de proteção naturais e informais do debate público e, aí sim, contando mentiras, produzem seus estragos. É bastante sintomático que, para atrair um mínimo de confiança de uns ou outros, e para circular na esfera pública, elas precisem se passar por um relato jornalístico. Por mais que tenhamos problemas sérios com a credibilidade do jornalismo, as *fake news* são uma prova em negativo de que algum crédito o jornalismo ainda merece na sociedade. Tanto é assim que as fraudes informativas tentam tomar emprestado ao jornalismo uma franja de crédito.

Então, quando xinga o *New York Times* de todos os nomes ofensivos e o acusa de produzir *fake news*, o presidente americano Donald Trump vocaliza um oximoro. O *New York Times* pode publicar notícias erradas (como aconteceu quando veiculou informações de que Saddam Hussein estaria fabricando armas químicas de destruição em massa no Iraque), mas não veicula *fake news*. O mesmo despautério comete Jair Bolsonaro quando lança suas agressões verbais contra a *Folha de S.Paulo*.

No Brasil a situação talvez seja ainda mais grave. A nossa cultura política nunca soube direito o que são *news*. Os parlamentares brasileiros, assim como os ocupantes de cargos no Executivo, com exceções que se contam nos dedos de uma das mãos, nunca entenderam a imprensa como um sistema de controle rigoroso do poder, nunca aceitaram a função dos jornalistas de investigar e publicar justamente aquilo que o poder quer esconder. Em lugar disso, preferem entender a imprensa como um sistema hidrodinâmico para escoamento e distribuição de comunicados mais ou menos oficiais. Em função desse déficit cultural, tendem a acreditar que a imprensa que merece a liberdade é apenas aquela que diz a verdade, apenas a verdade, a verdade transitada em julgado. Não visualizam, nem de longe, o que é a imprensa como um sistema de debate público – debate crítico. Para eles, portanto, qualquer forma de mentira, venha ela da boca de um pastor evangélico, de um curandeiro, de um juiz de futebol, do alto-falante de uma kombi que vende pamonha ou do jornal, qualquer mentira pode ser chamada de *fake news*. Não entenderam nada e, com suas ações desastrosas – há desembargadores e ministros do Judiciário que querem censurar notícias que eles considerem mentirosas –, contribuem para impedir que a sociedade brasileira compreenda esses conceitos elementares.

Um pouco de história[2]

A promessa feita por tanto tempo pelo jornalismo de entregar nada menos que "a verdade" aos seus públicos não prima pelo juízo. É falsa, ela mesma. O jornal dos bolcheviques na Rússia em 1917, depois transformado em órgão oficial da União Soviética, tinha esse nome, *Pravda*, que, em russo, quer dizer "a verdade". Com o devido respeito, ninguém acredita no *Pravda*.

> Mesmo nos períodos em que a palavra "verdade" esteve mais em moda, a imprensa nunca se pautou por isso, pelo propósito de entregar "a verdade" (com o pomposo artigo definido à frente) para as pessoas carentes de referências. Em 1922, o jornalista Walter Lippmann lançou um comentário ferino contra essa impostura de a verdade definitiva caber numa página de jornal que se comprava por uns poucos centavos de dólar: "Esperamos que o jornal nos entregue a verdade. [...] Para esse serviço difícil e muitas vezes perigoso, que reconhecemos como fundamental, esperávamos, até outro dia, pagar a moeda de menor valor emitida pela Casa da Moeda."[3]

Lippmann não misturava a função da imprensa com a função da verdade. "A função da notícia é sinalizar um evento. A função da verdade é trazer luz para fatos ocultos, relacioná-los a outros e traçar um retrato da realidade a partir do qual os homens possam atuar."[4]

"Sinalizar um evento" quer dizer noticiá-lo, promover um primeiro conhecimento dos fatos. Um bom órgão de imprensa avisa sobre o que se passa. A questão filosófica da verdade escapa ao jornalismo. Ainda bem. Se dependesse dos jornalistas traçar uma linha divisória entre a verdade e a mentira, a humanidade já estaria extinta há muito tempo.

No mais, não custa lembrar que a mentira é tão antiga quanto a fala. A mentira de imprensa é tão antiga quanto a imprensa. Também em livros, a mentira dolosa é tão velha quanto a invenção de Gutenberg. O livro chamado *Os protocolos dos sábios de Sião* talvez seja o exemplo mais conhecido. De origem obscura – provavelmente foi forjado nos bastidores do czarismo, na Rússia, já em seus estertores –, a obra desencadeou ondas de antissemitismo pela Europa e difundiu preconceitos que levariam a perseguições genocidas, como se viu no Holocausto.

As *fake news*, que agora agem contra a democracia em toda parte do planeta, não constituem uma espécie de mentira como as outras. Elas são uma nova modalidade de mentira, com distinções muito bem marcadas:

1. São uma falsificação de relato jornalístico ou de enunciado opinativo nos moldes dos artigos publicados em jornal. Portanto, as *fake news* são uma modalidade de mentira necessariamente pós-imprensa.

2. Provêm de fontes desconhecidas – sua origem é remota e inacessível.

3. Sua autoria é quase sempre forjada. Quando se valem de excertos de textos reais, descontextualizam os argumentos para produzir entendimentos falsos.

4. Têm – sempre – o propósito de lesar os direitos do público, levando-o a adotar decisões contrárias àquelas que tomaria se conhecesse a verdade dos fatos. As *fake news* tapeiam

o leitor em diversas áreas: na política, na saúde pública, no mercado de consumo, na ciência (umas asseguram que a Terra é plana).

5. Dependem da existência das tecnologias digitais da internet – com *big data*, algoritmos dirigindo o fluxo de conteúdos nas redes sociais e o emprego de inteligência artificial;

6. Agem num volume, numa escala e numa velocidade sem precedentes na história.

7. Por fim, as notícias fraudulentas dão lucro (além de político, lucro econômico). Elas se converteram num negócio obscuro.

Fator emocional

Dentro do ambiente virtual do Google e do Facebook, a fraude compensa. Não podemos deixar de levar em conta esse dado. Há ações recentes desses dois conglomerados globais – Google e Facebook (WhatsApp aí incluído) –, assim como há iniciativas do Twitter, no sentido de barrar o alcance das *fake news*. São gestos meritórios, mas os resultados ainda deixam (muito) a desejar. Pessoas mal-intencionadas ainda faturam com a mentira travestida de jornalismo porque as regras dessa nova indústria digital permitem isso. Quanto maior o número de cliques, mais o autor arrecada. A mentira é fácil de produzir – é barata – e desperta o furor das audiências. Despertando emoções intensas nos internautas, mobiliza-os para propagar o malfeito.[5]

Para entender a eficácia desse novo tipo de mentira, é preciso levar em conta que *fake news* se espalham muito mais rápido que as notícias verdadeiras justamente porque o fator humano contribui de maneira decisiva para isso. "Parece ser bastante claro que informações falsas superam as informações verdadeiras", diz Soroush Vosoughi, um cientista de dados do Massachusetts Institute of Technology (MIT) que estuda notícias falsas desde 2013. "E isso não é apenas por causa dos robôs. Pode ter algo a ver com a natureza humana."[6]

Recentemente, a revista *Science* publicou um estudo de pesquisadores do Media Lab do MIT que reforça essa interpretação. Após examinar cerca de 126 mil histórias compartilhadas por aproximadamente 3 milhões de pessoas no Twitter, os pesquisadores atestaram que as notícias falsas tinham uma probabilidade 70% maior de serem compartilhadas pelas pessoas do que as verdadeiras.[7] No Brasil é a mesma coisa. Em 2016, a notícia de que Lula seria preso no dia seguinte sempre explodia quase toda semana na internet.[8]

> O fator que faz essa diferença – de velocidade, escala, alcance – é gente, gente de carne e osso. A tecnologia pesa muito, é claro, e isso já foi apontado: as ferramentas digitais são capazes de manipulações que nunca tinham sido possíveis, como foi verificado no caso da Cambridge Analytica.[9] Mesmo assim, o que faz as notícias falsas serem mais rápidas e mais populares do que as notícias verdadeiras são pessoas de verdade. Elas agem por impulso e por sentimentos baixos: carência afetiva (replicam falsidades atraentes para ficarem "populares" em seus círculos digitais), ódio (mandam adiante uma fraude informativa sabendo que se trata de algo mentiroso, mas que, acreditam, ajudará a destruir a reputação de alguém que repudiam), inveja.

Nahema Marchal, pesquisadora de Oxford, chamou atenção para esse ponto. Ela disse: "Esse tipo de notícia de baixa qualidade se espalha rapidamente na rede social, não necessariamente pela atividade de robôs, mas porque é produzida para causar reações emocionais no público – como raiva –, o que causa maior compartilhamento."[10]

Foi assim que as redes sociais acrescentaram à paisagem um pacote inédito de perversidades. As notícias hoje circulam segundo os ditames do entretenimento, orientadas por fontes pulsionais, sem as mediações da razão. Aí, as fraudulentas levam vantagem.

Bem sabemos que a indústria do entretenimento nunca apreciou a razão, e isso desde suas origens, que remontam às revistas de amenidades e *faits divers*, que fincam raízes no século XVII. Agora, contudo, o quadro é pior. Nas redes sociais, diferentemente do que acontecia nos tempos da TV e do cinema, a propagação das mensagens depende diretamente da ação das audiências e, aí, o desejo sobrepuja o pensamento. Uma notícia (falsificada, fraudulenta ou mesmo verdadeira, pouco importa) ganha repercussão à medida que corresponda a emoções. Sobre o factual predomina o sensacional – daí o sensacionalismo. Sobre o argumento, o sentimento ou o sentimentalismo. Esses registros da percepção e do sensível, que passam pelo desejo, pelo sensacional, pelo sentimental, proporcionam conforto psíquico aos indivíduos enredados em suas fantasias narcísicas. A receita se revelou infalível.

O que agrava o problema é o isolamento do indivíduo dentro das bolhas. Na era das redes sociais, o sujeito se encontra encapsulado em multidões que o espelham e o reafirmam. São multidões de iguais, especulares, multidões de mesmos. Vêm daí as tais "bolhas" das redes sociais, cujo traço definidor é a impermeabilidade ao dissenso. É sabido, também, que os algoritmos das redes sociais estimulam esse efeito, espessando as muralhas que separam umas bolhas das outras. Não é verdade que a internet abriu vasos comunicantes entre múltiplas esferas públicas. Embora isso tenha acontecido em parte, e ainda possa acontecer mais, o que mais se verificou foi algo invertido: as redes sociais expandiram as muralhas que separam as preferências egoicas e narcísicas que parecem presidir os agrupamentos mais ruidosos. Elas não põem as pessoas em rede; põem as muralhas em rede, muralhas privatizadas.

Nessa configuração das comunicações, a função pública de mediar o debate social, de investigar e relatar os acontecimentos de interesse geral com fidedignidade e de fazer circular ideias e opiniões divergentes – função essa que se fixou como o papel central da instituição da imprensa – corresponde hoje apenas a uma franja marginal nas redes sociais. Os protocolos classicamente observados pela imprensa de qualidade perderam seu lugar.

Monopólios na mediação

O mais perturbador é verificar que a indústria clandestina das *fake news* prospera num ambiente de forte monopolização das comunicações globais. As novíssimas empresas ditas "de tecnologia" ou de "inovação", como Google, Twitter e Facebook, são monopólios globais. Google e Facebook perfazem um duopólio mundial.

A fórmula de fabricação de valor na indústria do imaginário implementada por empresas como Facebook e Twitter é genial e devastadora. Os usuários entram no jogo como mão de obra (gratuita e, logo, escrava), como matéria-prima (também gratuita) e, por fim, como mercadoria. Graças a esse modelo originalíssimo, o Facebook não gasta um centavo para comprar conteúdo; seus usuários atuam como digitadores, fotógrafos, locutores, atores, sonoplastas, escritores e tudo o mais. Os usuários, que fornecem alegremente a matéria-prima, são também os operários que confeccionam e empacotam textos, áudios e vídeos. Embora se vejam como "clientes" de um "serviço" que imaginam gratuito, são por fim a mercadoria. São seus olhos que são vendidos aos anunciantes, o que, longe de aborrecê-los, parece alegrá-los.

Esse grau de monopólio, que consegue extrair valor de trabalho das massas que pensam estar apenas se divertindo, impulsionou o negócio das *fake news*. Uma sucuri de silício – uma das múltiplas e simultâneas encarnações do capital – tritura e engole a sociedade civil globalizada. A verdade factual vai assumindo o aspecto cadavérico de um fóssil pré-histórico.

NOTAS

1. ARENDT, Hannah. *Verdade e política*. Parte II. In: ARENDT, Hannah. *Entre o passado e o futuro*. Tradução de Manuel Alberto. Lisboa: Relógio D'Água Editores, 1995.

2. A partir daqui, utilizo argumentos e parágrafos que estarão em um pequeno livro, *Pode existir democracia sem verdade factual?*, a ser publicado em breve na coleção coordenada pela professora Lucia Santaella, pela Estação das Letras e Cores.

3. LIPPMANN, Walter. *Public Opinion*. New York: Free Press Paperbacks (Simon and Schuster), 1997, p. 203. Vale a pena ler a íntegra do parágrafo original (o trecho traduzido e citado acima está em grifo, a seguir, na transcrição do original em inglês): "This insistent and ancient belief that truth is not earned, but inspired, revealed, supplied gratis, comes out very plainly in our economic prejudices as readers of newspapers. *We expect the newspaper to serve us with truth* however unprofitable the truth may be. *For this difficult and often dangerous service, which we recognize as fundamental, we expected to pay until recently the smallest coin turned out by the mint*. As traduções do texto em inglês foram feitas por mim.

4. LIPPMANN, Walter. *Public Opinion*. New York: Free Press Paperbacks (Simon and Schuster), 1997, p. 226. Em inglês: "The function of news is to signalize an event, the function of truth is to bring to light the hidden facts, to set them into relation with each other, and make a picture of reality on which men can act."

5. O caderno "Ilustríssima", publicado pelo jornal *Folha de S.Paulo* aos domingos, trouxe, na edição de 19 de fevereiro de 2017, duas reportagens e um artigo analítico sobre o tema da pós-verdade e das *fake news*. Escrita por Fábio Victor, a reportagem "Como funciona a engrenagem das notícias falsas no Brasil" mostra os meandros da atividade altamente lucrativa dos grupos apócrifos que confeccionam e distribuem notícias fraudulentas. Na mesma edição, o jornalista Nelson de Sá, em "Como os grandes jornais e as mídias sociais tentam responder à invenção deliberada de fatos", relata as estratégias das redações profissionais para enfrentar as ondas de boatos programadas com finalidades políticas. Por fim, o filósofo Oswaldo Giacóia reflete sobre o tema da verdade no artigo "E se o erro, a fabulação, o engano revelarem-se tão essenciais quanto a verdade?".

6. MEYER, R. "The Grim Conclusions of the Largest-Ever Study of Fake News", theatlantic.com, 2018. Disponível em: https://www.theatlantic.com/technology/archive/2018/03/largest-study-ever-fake-news-mit-twitter/555104/.
7. DZIKES, P. Study: On Twitter, false news travels faster than true stories. Mit News. 2018. Os autores do estudo são: Soroush Vosoughi (Media Lab's Laboratory for Social Machines), Sinan Aral (David Austin Professor of Management at MIT Sloan) e Deb Roy (MIT Media Lab e, antes, Twitter's Chief Media Scientist). Disponível em: http://news.mit.edu/2018/study-twitter-false-news-travels-faster-true-stories-0308. Acesso em: 6/6/2019.
8. O site Consultor Jurídico noticiou uma das medições que foram feitas na época: "Notícias falsas sobre a operação 'Lava Jato' causam maior repercussão dos que as verdadeiras. A constatação foi feita pelo site BuzzFeed, que mediu o engajamento gerado no Facebook por textos verdadeiros ou não sobre a investigação na Petrobras. As interações com as dez notícias falsas mais comentadas chegam a quase 4 milhões, contra 2,7 milhões com o ranking das verdadeiras." Disponível em: http://www.conjur.com.br/2016-nov-22/noticias-falsas-lava-jato-repercutem-verdadeiras.
9. The Cambridge Analytica Files, *The Guardian*. 2018, Disponível em: https://www.theguardian.com/news/series/cambridge-analytica-files. Acesso em: 6/6/2019.
10. BULLA, Beatriz. "Estudo associa polarização a 'notícias distorcidas'", estadao.com, 2018. Disponível em: https://politica.estadao.com.br/noticias/eleicoes,estudo-associa-polarizacao-a-noticias-distorcidas,70002533349. Acesso em: 6/6/2019.

A INTELIGÊNCIA ARTIFICIAL MEDIANDO A COMUNICAÇÃO: IMPACTOS DA AUTOMAÇÃO

[Dora Kaufman]

O software StatsMonkey, criado no Intelligent Information Laboratory da Northwestern University, transforma dados de eventos esportivos em reportagens, superando em qualidade e precisão jornalistas de carne e osso. Por meio de modelos estatísticos inteligentes, o sistema identifica os principais lances do jogo e produz um texto – em linguagem jornalística – sobre a dinâmica geral da partida com foco no desempenho dos principais jogadores em campo.

Narrative Science, outro exemplo, é uma tecnologia usada pelos principais meios de comunicação na produção de artigos automatizados, abrangendo uma grande variedade de fontes de dados e assuntos, incluindo as editorias de Esportes, Negócios e Política.

O sistema gera um novo texto "perfeito" a cada trinta segundos –[1] volume de produção sobre-humano –, e muitos são publicados em sites de grande visibilidade, mas que preferem não reconhecer o uso do serviço. Em uma conferência da revista *Wired*, em 2011, seu cofundador Kristian Hammond estimou que em 15 anos mais de 90% dos artigos jornalísticos serão produzidos por algoritmos de inteligência artificial (IA).

O "jornalismo automatizado" não se restringe apenas à produção de textos, mas inclui também tecnologias de segmentação, permitindo adequar os conteúdos aos interesses de grupos ou comunidades afins. A aceleração na implementação das tecnologias de IA torna ainda mais complexo o já complexo ambiente de comunicação, em que afloram desde recursos que substituem parte das funções tradicionais dos jornalistas até algoritmos que interferem diretamente nos processos cognitivos do público consumidor daquela informação e na forma com que ele interage nas redes sociais. Há, portanto, uma grande redistribuição de funções e de poder entre os agentes na comunicação.

Sofisticados algoritmos de IA individualizam as consultas ao Google, com os resultados variando em função do perfil de quem está buscando a informação. No Facebook, algoritmos de IA, por exemplo, são usados no gerenciamento das publicações que aparecem no *feed* de notícias de seus usuários.[2] Para processar com assertividade a seleção de "conteúdos relevantes" e estabelecer correlações, os algoritmos acessam uma quantidade grande e diversificada de dados, que extrapolam um único usuário e envolvem uma comunidade de usuários afins, mediando, no processo, a comunicação entre eles.

Essa personalização[3] dos acessos no ambiente digital é o resultado da interferência de algoritmos de IA treinados com base nos dados gerados a partir da movimentação e do comportamento dos usuários, processo baseado em modelos de redes neurais denominados *deep learning* [aprendizado profundo] (subárea de *machine learning* [aprendizado de máquina], que, por sua vez, é uma subárea da IA).

A inteligência artificial também tem sido usada para produzir conteúdo falso – as chamadas *fake news* – de forma automatizada com a intenção deliberada de manipular comportamentos e pensamentos. É a era das *deepfakes*, combinação de *fake news* com inteligência artificial.

Em um exercício acadêmico, dois pesquisadores da Global Pulse, uma iniciativa ligada à ONU, usando apenas recursos e dados de código-fonte aberto, mostraram com que rapidez poderiam colocar em funcionamento um falso gerador de discursos de líderes políticos em assembleias da ONU. O modelo foi treinado em discursos proferidos por líderes políticos na Assembleia Geral da ONU entre os anos de 1970 e 2015. Em apenas 13 horas e a um custo de 7,80 dólares – despesa com recursos de computação em nuvem –, os pesquisadores conseguiram proferir discursos "realistas" sobre uma ampla variedade de temas sensíveis e de alto risco: de desarmamento nuclear a refugiados.

A tecnologia segue aperfeiçoando-se. O OpenAI –[4] organização sem fins lucrativos com sede em São Francisco, Califórnia, financiada, entre outros, por Elon Musk, da Tesla, e Reid Hoffman, cofundador do LinkedIn – lançou no início de 2019 o GPT-2, tecnologia capaz de gerar textos realistas em variados estilos a partir de um texto original.

O tema das *fake news* – e cada vez mais também das *deepfakes* – se transformou em uma preocupação central na nossa sociedade em virtude do impacto que sua disseminação vem causando às democracias na Europa e nos Estados Unidos, sobretudo a partir da eleição de Donald Trump em 2016; o processo eleitoral de 2018 trouxe esse debate para o Brasil, com o uso de robôs e tecnologias de impulsionamento de mensagens com o objetivo de influenciar o resultado eleitoral.

Em seus primórdios, a internet oferecia a perspectiva de livre acesso a toda e qualquer informação de forma desintermediada – "libertando" as pessoas da curadoria tradicional nos veículos de mídia. A recente explosão de dados, contudo, mudou o modo como a informação flui: em vez de um livre acesso, a automação entrega uma informação personalizada por filtragens de conteúdo. Em suma: deslocamos o *gatekeeper* humano para o *gatekeeper* algoritmo, que capta, organiza e dá acesso à informação digitalizada.

A principal crítica a esses sistemas inteligentes é a propensão para a formação de "bolhas", ou "câmaras de eco": promovem a homogeneização das relações sociais, mantendo as pessoas em círculos sociais fechados, formados por aqueles que pensam igual.

Para a professora Lucia Santaella,[5] a personalização dos filtros apresenta tendenciosidades que afetam significativamente o acesso à informação. A limitação dos indivíduos a uma exposição seletiva, alimentada pelos algoritmos, intensifica as tendências homofílicas – aquelas de só se buscarem concordâncias e fugir das discordâncias.

Na homofilia encontra-se a fonte primeira da proliferação de *fake news* em múltiplas vertentes, desde a trolagem e os memes até a construção integral de fatos falsos – seja na forma de texto, seja em imagens de vídeo manipuladas. Santaella alerta, no entanto, que o algoritmo não é o único a ser responsabilizado por sua produção e disseminação; há que se levar igualmente em consideração a dificuldade do ser humano em mudar seu modo de pensar e ver o mundo.

Cass Sunstein,[6] atualmente professor pela Harvard Law School, alega que, numa democracia eficiente, os cidadãos não vivem em câmaras de eco, mas são expostos a uma diversidade de tópicos e ideias e pontos de vista concorrentes. A maioria dos norte-americanos atualmente acessa grande parte das notícias nas redes sociais, e ele alerta que, quando as pessoas usam o Facebook para ver exatamente o que querem ver, sua compreensão do mundo pode ser bastante afetada.

As "arquiteturas de controle", defende Sunstein, podem levar a um tipo de distopia, ao passo que uma "arquitetura ao acaso" neutralizaria a homofilia, promovendo a liberdade individual. Para que isso seja alcançado, o autor defende a exposição dos cidadãos a informações e fatos que não tenham sido escolhidos antecipadamente, valorizando os encontros imprevistos e não planejados.

As críticas procedem, mas vale lembrar que as relações humanas sempre privilegiaram seus iguais. Sempre vivemos em "bolhas". As redes digitais, pelo contrário, permitiram o acesso a uma convivência mais diversificada. De certa forma, ao interferir no conteúdo disponibilizado aos seus usuários, essas plataformas estão atendendo a um anseio dos usuários das plataformas que, em geral, valorizam a personalização. Temos, no entanto, uma oportunidade inédita de inovar criando ambientes de convivência mais heterogêneos.

E o que são algoritmos?

Os algoritmos estão em toda parte, dominam o mercado de ações, compõem música, dirigem carros, escrevem artigos de notícias, preveem epidemias, estão no diagnóstico médico, na contratação de RH, na avaliação de crédito e em inúmeras outras atividades em distintos setores da economia e da sociedade. Algoritmo é um conjunto de instruções matemáticas, uma sequência de tarefas para alcançar um resultado esperado em um tempo limitado. Os algoritmos antecedem os computadores – remontam ao século IX, ligados ao matemático al-Khwãrizmi, cujo livro ensinava técnicas matemáticas a serem equacionadas manualmente.

Ed Finn[7] define um algoritmo como "qualquer conjunto de instruções matemáticas para manipular dados ou raciocínios através de um problema".

Brian Christian e Tom Griffiths[8] extrapolam o conceito para além do âmbito da matemática: "Quando você cozinha pão a partir de uma receita, você está seguindo um algoritmo, o mesmo quando você tricota uma peça com base num determinado padrão."

A ideia de associar algoritmo à receita de culinária, contudo, é contestada por Pedro Domingos,[9] para quem a receita não especifica exatamente a ordem e as etapas – quanto de açúcar, por exemplo, está contido em uma colherada. "Se quiséssemos programar um robô de cozinha para fazer um bolo, teríamos que dizer como reconhecer o açúcar do vídeo, como pegar uma colher, e assim em diante. Portanto, uma receita culinária está muito longe de um algoritmo."

O algoritmo requer instruções precisas e não ambíguas, o suficiente para serem executadas por um computador. Percebe-se que a ideia de algoritmo contém tanto a de *regra* quanto a de *ação*, pois, apesar de um algoritmo ser definido por um conjunto de regras, é a sua ação que conta; é ao agir que o algoritmo agencia, interfere na circulação dos dados.

Os algoritmos de busca do Google, por exemplo, formam os sistemas de classificação que, com base no que o usuário está procurando, agem nos dados disponíveis nas páginas da web, previamente indexados, selecionando os conteúdos relevantes, consequentemente facilitando o acesso do usuário àqueles conteúdos. Esses resultados, contudo, não produzem verdades confiáveis e objetivas. Como o aprendizado dos sistemas inteligentes é baseado em dados, os algoritmos codificam preconceitos sociais: é o chamado viés (*bias*, em inglês). Além disso, os processos de redes neurais são modelos estatísticos que indicam a probabilidade de a resposta ser adequada ao perfil do usuário.

O Facebook monetiza sua gigantesca base de dados utilizando algoritmos de IA capazes de mapear a personalidade dos usuários, segundo informação da plataforma, com 80% de precisão. Com base em cliques e curtidas, contempla atributos como gênero, idade, formação, etnia, "desvios" de personalidade, orientação sexual, política e religiosa, doenças, uso de substâncias. De posse desse "conhecimento" sobre seus usuários, a rede social vende aos anunciantes uma potencial comunicação hipersegmentada ou personalizada de seus produtos e serviços.

Os sistemas inteligentes das plataformas não visam, preferencialmente, oferecer o conteúdo de melhor qualidade aos seus usuários, mas maximizar seu tempo de permanência na plataforma, promovendo e ampliando ao máximo as interações por meio de curtidas, compartilhamentos e comentários. Quanto maior o tempo e a intensidade da interação, mais dados são gerados, favorecendo os modelos de negócio baseados em dados.

Frischmann e Selinger, no livro *Re-Engineering Humanity*,[10] alertam que o uso de algoritmos de IA para coleta e análise de dados de comportamento de usuários no universo digital não se dá apenas para fins comerciais – para ampliar vendas no e-commerce, por exemplo –, mas também permite prever e interferir em nossa conduta em todas as esferas da vida social de maneira inédita.

Segundo os autores, a crescente adoção do Big Data, da análise preditiva e dos ambientes inteligentes desafia a ideia-chave do Iluminismo sobre a autonomia e o livre-arbítrio dos seres humanos – e o fazem com total opacidade, o que poderá levar à própria "reengenharia" dos humanos, transformando-os em seres previsíveis e programáveis. Será que em algum momento da história humana existiu livre-arbítrio, ou nossas decisões são sempre determinadas pelos coletivos? Para eles, assim como os GPSs estão subtraindo a prerrogativa de localização, os sistemas inteligentes – fazendo uso de informações falsas ou verdadeiras – vão substituir nossa percepção, intuição e empatia, determinando ou guiando nosso comportamento.

O empenho em desenvolver mecanismos influenciadores não é novo. Em 1998, B.J. Fogg, cientista do comportamento e articulador do conceito de "captologia" – estudo de como usar os computadores para persuadir mudanças de atitudes ou comportamentos –, fundou o Stanford Persuasive Tech Lab com o propósito de gerar insights para desenvolver tecnologias (produtos de computação, websites e software para celulares) aptas a mudar as crenças, os pensamentos e os comportamentos dos indivíduos de maneira previsível. Um dos focos do projeto são os hábitos de saúde, e sua base teórica encontra-se nos métodos da psicologia experimental. Seus pesquisadores conceituam a "captologia" como uma nova maneira de pensar sobre o comportamento e transformá-lo numa direção compatível com o "problema" a ser resolvido. Os estudos incluem design, pesquisa, ética e a análise de produtos de computação interativa

– computadores, celulares, websites, tecnologias sem fio, aplicativos móveis, videogames.

A estrutura e o funcionamento dos modelos econômicos têm correlação direta com os mecanismos de persuasão, extrapolando o consumo com impactos culturais e comportamentais, incluindo o acesso à informação. Na economia industrial, caracterizada pela produção e pelo consumo massivo de bens e serviços, a propaganda predominou como meio de convencimento e influência nas escolhas e preferências dos indivíduos. Na economia da informação em rede, emerge a customização de produtos e serviços, com a correspondente comunicação segmentada.

Na economia de dados, a personalização está na base da mediação tanto de produtos quanto de informação; os algoritmos de inteligência artificial promovem estratégias de comunicação assertivas a partir do conhecimento captado, minerado e analisado de dados gerados nas interações no ambiente digital.

À medida que a sociedade, gradativamente, delega decisões complexas e de alto risco a sistemas inteligentes, torna-se premente abordar seus impactos a partir de uma perspectiva multidisciplinar e verificar se existe uma real ameaça aos pilares do que, supostamente, constitui o sentido de humanidade: o livre-arbítrio e a capacidade de decidir, desejar e pensar.

NOTAS

1. Os algoritmos de IA são treinados, além do conteúdo com base nos dados, também para identificar o formato de texto "perfeito".

2. A inteligência artificial permeia o modelo de negócios das gigantes de tecnologia, utilizada com diversas funções. No Google atualmente, por exemplo, essas tecnologias estão presentes em mais de cem de seus produtos.

3. Personalização não é o mesmo que individualização; de fato, o que ocorre é uma "desindividualização".

4. Disponível em: <https://openai.com>. Acesso em: 25/6/2019.

5. SANTAELLA, Lucia. *A pós-verdade é verdadeira ou falsa?*. São Paulo: Estação das Letras e Cores, 2018.

6. SUNSTEIN, Cass R. *#republic: divided democracy in the age of social media*. New Jersey: Princeton University Press, 2017.

7. FINN, Ed. *What Algorithms Want: Imagination in the Age of Computing*. Cambridge, MA: MIT Press, 2017.

8. CHRISTIAN, B. e GRIFFITH, Tom. *Algorithms to Live By: The Computer Science of Human Decisions*. New York: Picador, 2017.

9. DOMINGOS, Pedro. *The Master Algorithm: How the Quest for the Ultimate Learning Machine Will Remake our World*. New York: Basic Books, 2015.

10. FRISCHMANN, Brett; SELINGER, Evan. *Re-Engineering Humanity*. Cambridge: Cambridge University Press, 2018.

DESCONSTRUINDO AS *FAKE NEWS*: O TRABALHO DAS AGÊNCIAS DE *FACT-CHECKING*

[Gilberto Scofield Jr.]

Em agosto de 2014, o convite do jornalista Thomas Traumann para ocupar uma vaga na Secretaria de Comunicação Social do governo de Dilma Rousseff me apresentou a um desafio formidável. Estávamos na reta final da disputa eleitoral entre Dilma e o tucano Aécio Neves para a Presidência da República, após um processo de polarização acirrado pelas manifestações de rua "contra tudo isso que está aí" um ano antes.

Ainda que as equipes de comunicação do governo e da campanha para a reeleição da presidente fossem diferentes, incluindo aí as localizações de seus escritórios, a rotina do trabalho jornalístico em Brasília, de modo geral, e no Palácio do Planalto, em particular, acaba se revelando um mundo muito pequeno e seu roteiro, uma trama intelectualmente inferior à de *House of Cards*.

Ali percebi o crescimento do que se pode chamar hoje de "máquina de notícias falsas" que abastece as disputas eleitorais e políticas de um país carente de pensamento crítico e pouco afeito ao debate democrático. A cobertura midiática do governo e das eleições abasteciam-se mutuamente e uma influenciava a outra. Por fora, a opinião pública já sofria a influência da desinformação gerada pelas notícias falsas na internet.

Mas a experiência foi maior que isso. A passagem pelo Planalto me revelou o aprofundamento da crise que se abateu sobre o jornalismo tradicional e que só pioraria dali em diante. Trata-se de uma crise de forma e de conteúdo que muito contribuiu para a perda gigantesca de credibilidade da mídia como um todo.

O trabalho de checagem de fatos sempre existiu na mídia tradicional. O checador era o sujeito pago pelos veículos para verificar as declarações e informações e não deixar que erros e imprecisões chegassem ao leitor/espectador/ouvinte. Em parceria com os redatores, o trabalho refinava a apuração jornalística para que nada além dos fatos comprováveis e verificáveis – embalados em textos bem escritos – fosse servido ao consumidor de conteúdo. Com a consolidação da internet como plataforma de consumo de notícias – em particular por meio das mídias sociais, a partir de 2004 –, o modelo de negócios das empresas de comunicação, baseado em publicidade, ruiu.

E com ele acabou o preciosismo na entrega do conteúdo com a dispensa em massa de profissionais nas redações. Extremamente especializados, redatores e checadores foram os primeiros a integrar as incontáveis listas de "passaralhos" – demissões em massa, no jargão jornalístico – que dizimaram as redações desde então.

Com essa crise no modelo de negócios dos veículos tradicionais, aprofundou-se uma crise de conteúdo que nem era tão nova assim.

Há muito que a cobertura jornalística vem se reduzindo ao declaratório – que serve mais para apaziguar a consciência dos executivos de redação a respeito da "isenção" do conteúdo produzido do que propriamente servir ao interesse público. Basta ouvir um lado, ouvir o outro e a tese da reportagem fica "redonda".

O jornalismo declaratório esquece uma regra básica da profissão, expressa de forma bastante didática por Jonathan Foster, professor do curso de jornalismo da Universidade de Sheffield: "Se uma pessoa diz que está chovendo e outra diz que não está, o trabalho do jornalista não é simplesmente publicar as aspas de ambos. É botar a cabeça para fora da droga da janela e descobrir quem está falando a verdade."

Eis o mantra dos checadores de fatos atuais, que cresceram como fenômeno jornalístico na esteira de uma imprensa declaratória totalmente inadequada à era da notícia em tempo real e à era da desinformação em que vivemos hoje em todo o mundo.

Diz Lucas Graves, professor da Escola de Jornalismo e Comunicação de Massa da Universidade de Wisconsin, nos Estados Unidos, em seu magistral livro *Deciding What's True*,[1] comparando os checadores de fatos de ontem com os de hoje:

> Os novos checadores de fatos fazem o oposto (dos de ontem). Eles investigam declarações que já estão publicadas e fazem dos resultados da checagem uma nova história. O movimento de checagem de fatos pede que os repórteres políticos tradicionais façam algo que pode ser bastante desconfortável para eles: desafiar figuras públicas através da publicação de seus erros, exageros e manipulações. Eles confrontam esses repórteres ao pedir que intervenham no debate acirrado e decidam do lado de quem estão os fatos verdadeiros.

Em resumo, o movimento jornalístico de checagem de fatos cresce num ambiente em que a imprensa perdeu a exclusividade como mediadora do debate público e, com a emergência das redes sociais, perdeu até mesmo a autoridade para definir o que é notícia.

Mas engana-se quem pensa que a checagem de fatos como conhecemos hoje é fenômeno recente. Na década de 1990, o então repórter político da CNN Brooks Jackson inaugurou o formato de checagem posterior ao fato ao se dedicar a verificar a veracidade das propagandas políticas veiculadas na mídia americana em épocas de eleição.

Jackson fundou na CNN em 1991 o Ad Police, a primeira equipe jornalística especializada em checar propaganda eleitoral. No processo, o jornalista percebeu a relevância e o entusiasmo com o formato e inaugurou, em 2003, com a ajuda da Universidade da Pensilvânia e do Annenberg Public Policy Center, o que se considera, hoje, a primeira plataforma de checagem de fatos online, o FactCheck.org.

Em 2007, o jornalista Bill Adair, do *Tampa Bay Times*, lança o PolitiFact, então como uma seção na editoria política do jornal – que dois anos depois ganharia um Pulitzer, o principal prêmio de jornalismo.

À medida que o debate público vai entrando na era da pós-verdade e a desinformação vira uma estratégia política de fato, as plataformas de checagem vão se multiplicando. Elas chegam à América do Sul – mais especificamente à Argentina – em 2010, quando a jornalista Laura Zommer é convidada por investidores privados para chefiar a plataforma Chequeado.

Em 2014, o primeiro Global Fact – encontro mundial das plataformas de checagem de fatos, coordenado pela International Fact-Checking Network (IFCN) – reuniu mais de quarenta plataformas de checagem de vinte países no Reino Unido. Na sexta edição do encontro, na África do Sul, em 2019, foram reunidas 146 plataformas de 55 países.

E quem checa os checadores?

A IFCN, entidade ligada ao Poynter Institute for Media Studies, da Flórida, é quem checa os checadores. Para receber o selo da entidade, é preciso que a plataforma de verificação obedeça a princípios de transparência e isenção auditados por jornalistas independentes.

Existem hoje três categorias de checagem: o chamado *fact-checking*, que consiste em verificação de declarações, ou seja, há uma fonte *on the records* dizendo algo que pode ser checado; o *debunking*, que é a verificação de algo sem uma fonte oficial (incluindo memes e fotos adulteradas que circulam sem autor nas redes sociais abertas, como o Facebook ou o Twitter, e fechadas, como WhatsApp e Messenger); e o *verification*, que é a checagem da veracidade de conteúdos, principalmente vídeos, de fontes não oficiais e produzidos de forma automatizada. Esta é a grande fronteira de expansão das notícias falsas por conta da sofisticação das tecnologias de adulteração de vídeos por meio do uso de inteligência artificial, a chamada *deepfake*.

Quem acompanha a prática viu a polêmica envolvendo a política americana democrata Nancy Pelosi, alvo de um vídeo manipulado em que parece discursar bêbada. A dificuldade dessa checagem é que, dependendo do grau de sofisticação da manipulação, é preciso um especialista em edição e montagem de vídeos para se chegar à verdade. Nesse caso, nem foi preciso tanto. Comparando o vídeo original com o vídeo manipulado, percebe-se que uma desaceleração nos *frames* distorce a fala da democrata.

Com a recusa do Facebook de retirar o vídeo de circulação, apoiadores de Pelosi foram criativos: manipularam um vídeo de Mark Zuckerberg e o postaram no próprio Facebook.

No vídeo, Zuckerberg aparece dizendo: "Imagine isso por um segundo: um homem, com controle total de bilhões de dados roubados, todos os seus segredos, suas vidas, seu futuro.

Eu devo tudo isso à Spectre. A Spectre me mostrou que quem controla os dados controla o futuro."

Os autores do *deepfake* foram Bill Posters e Daniel Howe, em parceria com a agência de publicidade Canny. A própria agência disse que o vídeo foi produzido com base no algoritmo Face2Face, criado nas universidades de Washington e Stanford. O Facebook também não tirou o vídeo do ar.

O *fact-checking* no Brasil

A checagem de fatos como prática jornalística demorou para entrar no radar dos veículos de imprensa no Brasil. Esse movimento começa a partir da campanha eleitoral de 2014, quando, por iniciativa da jornalista Cristina Tardáguila, o jornal *O Globo* põe no ar um blog de checagem chamado Preto no Branco, inspirado no modelo argentino do Chequeado.

Apesar de altos índices de audiência, o Preto no Branco sai do ar no ano seguinte – confirmando uma certa incapacidade do jornalismo brasileiro em enxergar na checagem um nicho de negócio.

Felizmente, a jornalista não desistiu: montou um plano de negócios e resolveu empreender. Em 2015, com investimento do empresário, produtor e documentarista João Moreira Salles, nasce a startup Agência Lupa, a primeira agência de notícias especializada em checagem de dados do país, até hoje hospedada no site da revista *Piauí*.

Naquele ano, a agência tinha quatro jornalistas e fazia uma média de 19 posts por mês. Em 2019, com 15 funcionários, entrega em média cinquenta posts por mês. Em 2017, a agência criou o braço Lupa Educação, dedicado a treinar jornalistas e não jornalistas sobre ferramentas básicas de checagem de fatos e a aumentar o pensamento crítico e a conscientização sobre o que os americanos chamam de *media literacy* – a habilidade de consumir notícias de verdade sabendo separar o que é falso do que é verdadeiro.

Mais de 4 mil pessoas já foram treinadas em cursos presenciais e online no Brasil, Espanha e Portugal.

Como agência de notícias, a Lupa possui entre seus principais clientes veículos da imprensa: *Folha de S.Paulo*, o portal UOL, Yahoo!, revista *Época*, entre outros. Há ainda parcerias com redes sociais, garantindo a verificação em plataformas onde o anonimato e bolhas turbinam a desinformação.

Com o Facebook, a Lupa e outras plataformas de checagem de todo o mundo integram o chamado Third Party Fact-Checking Project. Há quem tente desqualificar o projeto, acusando-o de censura. Não se iludam, há gente ganhando rios de dinheiro com a disseminação de notícias falsas e que teme pelo seu negócio.

Ao receber uma denúncia de conteúdo falso, o Facebook envia o post para agências de checagem. Caso a desinformação se confirme, as agências avisam ao Facebook – justificando por que consideram o conteúdo falso – e publicam em seus canais o conteúdo confrontado com os bancos de dados verificáveis.

Toda vez que um usuário do Facebook tenta compartilhar o conteúdo já verificado como falso, aparece um pop-up dizendo que aquele conteúdo é falso, com um link de um post da agência de checagem comprovando a falsidade. O compartilhamento não é proibido. O Facebook também altera o algoritmo do post, reduzindo a visibilidade da postagem.

Em outra frente, a agência Lupa também tem uma parceria com o Google e o Canal Futura – projeto Fake ou News – para ensinar estudantes sobre conceitos básicos de checagem de fatos.

Não há saída para o combate à desinformação que não passe pela educação. As 146 plataformas de verificação reunidas no planeta jamais conseguirão fazer frente à velocidade com que as notícias falsas se espalham e se replicam, numa espiral de inverdades que representa grande ameaça ao próprio debate democrático.

O esclarecimento da população é importantíssimo. Afinal, nem tudo que se vê nas redes e na mídia é checável. O que define isso são os dados usados para bancar determinada afirmação, que precisam ser verificáveis, como estatísticas, dados históricos, comparações ou legalidades. Geralmente, são bancos de dados que trazem o debate para o terreno da objetividade. No sentido contrário estão coisas como opinião, previsões futurísticas ou conceitos amplos, na linha "vivemos a pior crise da história", frase preferida e repetida por todos os candidatos à Presidência da República desde a redemocratização, segundo os jornalistas Cristina Tardáguila e Chico Otavio.[2]

Por fim, resta a pergunta: o que faz alguém compartilhar uma notícia falsa? É certo que a grande maioria da desinformação espalhada em redes sociais abertas e fechadas – e até na grande mídia – é deliberada e feita com o propósito específico de desconstruir a reputação de uma pessoa, de uma marca, de um partido, de um ideal. E, nesse item, é preciso muito debate, porque a capacidade de se mapear o perfil de um grupo específico de pessoas e trabalhar suas emoções implica um grau de manipulação emocional incompatível com o debate democrático de fato. Mas ele existe, e há empresas que fazem esse trabalho de inteligência, bem como há empresas que se dedicam a disparar mensagens de WhatsApp para grupos específicos durante e após as campanhas eleitorais.

E este é o grande desafio dos checadores de fatos hoje: desconstruir os discursos maniqueístas e manipuladores com dados objetivos e aumentar o custo da mentira, valorizando a verdade. Mas é preciso destacar um ponto levantado pela jornalista e pesquisadora britânica Claire Wardle, diretora de pesquisa do First Draft, instituto ligado à Universidade Harvard, em seu curso "Navegando a desinformação: Como identificar e verificar o que você vê na rede", promovido pelo Knight Center for Journalism in the Americas. Segundo Claire, as pessoas possuem uma "relação emocional" com a informação, algo bem longe de conceitos simplistas sobre o que é certo e o que é errado. Tem a ver com aquilo em que se acredita, aquilo que se teme e o ambiente ao redor.

Diz ela que os altos níveis de incerteza, de mudanças e de medo que nos cercam acabam criando uma necessidade de pertencimento jamais vista: a velha "bolha" que criamos para nos confortar. E ela nos mantém alertas sobre a percepção que temos de que o emprego de hoje não dura mais que um ano e pode, dependendo da velocidade dos avanços tecnológicos, nem existir mais. De que vivemos movimentos migratórios em escala planetária que nos colocam entre a defesa da dignidade de quem foge de guerras e misérias e as ameaças a certo nacionalismo manipulado. De que o aquecimento global traz mudanças que ainda não conectaram com clareza os efeitos climáticos do que vivemos hoje com as dificuldades que nossos filhos e netos viverão. De que o crescimento do fundamentalismo religioso, em todos os seus tons de cinza, ameaça o bem-estar de grupos específicos com a manipulação de carências em nome de Deus ou Alá.

Vivemos tempos de instabilidade e fluidez da informação. Este é terreno fértil para a disseminação de mentiras, desinformação e exageros de todos os tipos. O desafio é entender o fenômeno não apenas pelas lentes da tecnologia que nos serve e nos deixa servos hoje, um fenômeno importantíssimo que faz uma série distópica como *Black Mirror* estranhamente real. Mas, principalmente, quanto precisamos entender de psicologia social para dar conta não apenas do grupinho de *nerds* pagos para disseminar mentiras nas redes, mas também daquela tia que, no grupo de WhatsApp da família, compartilha a informação falsa de que um lote de vacinas contra a gripe está adulterado. São tempos difíceis. Mas quem disse que o trabalho do checador é simplesmente citar um lado e o outro da história? Nunca botar a cabeça para fora da droga da janela foi tão importante.

NOTAS

1. GRAVES, Lucas. *Deciding What's True: The Rise of Political Fact-Checking in American Journalism*. New York: Columbia University Press, 2016.
2. TARDÁGUILA, Cristina e OTAVIO, Chico. *Você foi enganado: Mentiras, exageros e contradições dos últimos presidentes do Brasil*. Rio de Janeiro: Intrínseca, 2018.

IDADE MÍDIA: UMA IDADE MÉDIA ÀS AVESSAS

[Alexandre Sayad]

O termo *Geist*, na língua alemã, está relacionado àquilo que não é palpável – inclusive o "espírito". *Poltergeist*, o clássico da literatura e do cinema de horror, por exemplo, significa literalmente o "espírito do demônio". Entretanto, no campo da educação formal, ou seja, na escola, o que mais assombra o currículo como o conhecemos e evidencia a incompetência de alguns sistemas de ensino é outro espírito: o *Zeitgeist*.

"*Zeitgeist*" foi usado pelo filósofo Johann Herder no fim do século XVIII para criticar a arte que não respeitava, ou não dialogava, com o "espírito do seu tempo" – é esse o significado da expressão. Tratava-se de uma flecha certeira endereçada aos alemães ultrarromânticos. A arte autêntica deveria respirar o espírito de seu tempo.

Traçar um paralelo em relação ao ambiente escolar é quase irresistível. Há um sofrimento coletivo no Brasil, que perdura há pelo menos vinte anos, de que construímos uma educação que não dá conta da contemporaneidade. É possível constatar isso pelo índice de evasão da educação pública: quase 40% abandonam os estudos.

A justificativa dos estudantes, segundo a maioria das pesquisas (uma das principais é realizada pela Fundação Getulio Vargas do Rio de Janeiro), é que o ambiente escolar não dialoga em nada com sua vida real. Não veem sentido em ficar sentados numa carteira ouvindo um professor falar, olhando para a nuca do colega da frente, enquanto o mundo ferve fora dos muros da instituição. A pergunta inconveniente – que ulula na cara do Brasil – é: como preparar uma escola que, assim como a premissa de Herder, dialoga com as necessidades do *Zeitgeist*?

Não há panaceia. Nem tampouco faltam teóricos ou palpiteiros de plantão. A complexidade da transformação escolar é uma cebola bojuda a ser descascada – com camadas e mais camadas de aspectos ligados ao aprendizado, como espaço físico, relação com a família, estrutura curricular e, sobretudo, formação dos professores.

Os ortodoxos costumam usar balas de festim, como se fossem de prata, ao colocar no colo da "tecnologia" (ou no uso das tecnologias da informação e comunicação, as TICs) toda a responsabilidade pela atualização e modernização da educação brasileira. Muito provavelmente ela é mesmo imprescindível, como mostram experiências interessantes no mundo. Mas a resposta completa, ou o conjunto delas, não termina nas aulas de TICs.

Se desfibrarmos os elementos principais do espírito do nosso tempo, encontraremos certamente uma sociedade em rede, conectada, com potencialidades políticas, econômicas e sociais ligadas ao digital, mas que sofre com o excesso de informação que circula pelo mundo, juntamente com a escassez de significado dela.

A leitura do mundo passa hoje pela leitura desse maciço opaco de códigos e mensagens e, sem dúvida, pela lente da mídia. Participar do mundo social, político e econômico significa, de maneira semelhante, compreender, avaliar e saber usar criticamente as ferramentas digitais.

O filósofo Pierre Lévy, em seu livro *Cibercultura*, de 1997, foi um dos primeiros a alertar que uma educação que olha para o mundo deve considerar também a sua dimensão digital.

Se há um ponto pacífico na discussão sobre o papel da escola hoje é a de que a mera transmissão de conteúdo deveria fazer parte do passado, quando havia espaço social para "templos do saber" – locais físicos específicos para o aprendizado.

O currículo politécnico inspirado no modelo francês, oriundo da década de 1930 e cuja influência se faz sentir ainda hoje, foi criado para responder às demandas da nascente industrialização e urbanização do Brasil.

Mas as cidades hoje são uma realidade consolidada onde é possível aprender em qualquer local, a qualquer hora. E a indústria também passa por uma nova revolução, focada na informação.

Isso leva a pensar que vivemos na Idade Mídia: uma Idade Média às avessas. Não há trevas como no passado medieval, mas um excesso de luz igualmente perturbador. O conhecimento, por um lado, não é escasso nem restrito ao mundo eclesiástico – está potencialmente distribuído, disponível a quem estiver apto a se conectar com ele. Por outro lado, há muita desinformação provocada, ironicamente, pela abundância. A "ansiedade de informação", como notou o arquiteto norte-americano Richard Wurman em seu livro de mesmo título, é também um mal do nosso tempo.

A valorização de habilidades para o século XXI, com a construção de conhecimento e a "formação para a vida", deve ser o foco da escola nos dias de hoje. Para isso é fundamental desenvolver competências socioemocionais – como empatia e capacidade de trabalhar em conjunto – e habilidades para lidar com a mídia e toda a informação a que estamos expostos.

Uma das mais antigas dessas habilidades – e cujo desenvolvimento é função primordial de uma escola republicana, laica e universal – é o pensamento crítico. Em termos socráticos, isso significa desenvolver uma série de aptidões ligadas a comprovar, encontrar evidências, sintetizar e concluir fatos. Dessa maneira, saberemos nos relacionar com informações, verdades, mentiras e vieses. Mais precisamente, estaremos prontos para a vida política, cultural e cidadã em sociedade.

A questão central – o *Zeitgeist* – é como atualizar o foco do pensamento crítico em tempos de desinformação e *fake news*.

Experiências em educação midiática têm surgido como uma das respostas de maior eficiência ao redor do mundo.

O termo "educação midiática" – ou *media literacy*, em inglês – não é novo nem o único vigente. As práticas ligadas a ele são muitas, mas ganharam novo fôlego recentemente, sobretudo diante do impacto social, político e econômico daquilo que tem sido chamado de *fake news*.

Há no mundo uma miríade de experiências consolidadas que relacionam os campos da educação e da mídia. Elas nascem em diversos contextos, nas mais variadas épocas.

A comunicação de origem popular, o campo acadêmico da mídia-educação e as práticas da educomunicação são algumas das raízes latino-americanas, e brasileiras, que datam da década de 1950, fruto das Comunidades Eclesiais de Base.

Entretanto, se retrocedermos à década de 1930, o educador Célestin Freinet já experimentava atividades de jornalismo dentro da rede pública de ensino da França – comandada e realizada pelos estudantes, sem interferência de adultos. Freinet acabou expulso do sistema de ensino, mas seu legado não se diluiu. O Centre de Liaison de l'Enseignement et des Médias d'Information (Clemi), que nasceu de seu trabalho, é hoje um órgão de referência na Europa, parte do Ministério da Educação da França. Seu foco são a garantia e o desenvolvimento da expressão e educação midiática junto aos alunos.

A Organização das Nações Unidas para Educação, Ciência e Cultura (Unesco, na sigla em inglês) tem sido a fiel guardiã do conceito e dos estudos acerca da educação midiática. Ela define o termo como o conjunto de habilidades necessárias para lidar com as informações e os meios disponíveis, para garantir o aprendizado permanente e a participação social e política dos cidadãos.

Na prática, a educação midiática é parte intrínseca do pensamento crítico e um elemento fundamental na atualização do currículo escolar para fazer frente aos desafios do *Zeitgeist* e da aprendizagem dos alunos.

Como um "termo guarda-chuva", a educação midiática pode se estender desde uma literacia básica no campo do jornalismo (como identificar fontes, gêneros textuais, notícias falsas, mídias e vieses das notícias), passando pela "fluência digital" (como pesquisar e utilizar as redes sociais de forma ética, criativa e cidadã), pela livre expressão na produção de mídia (sites, blogs, filmes e podcasts produzidos pelos estudantes como forma de comunicação criativa, livre e participação política), até o manejo de questões relativas à cultura digital e à privacidade (lidar com a nova lei de proteção de dados, direitos autorais e o surgimento de moedas digitais ou criptomoedas).

Os Estados Unidos e o Canadá, há pelo menos uma década, incorporaram a temática sistemicamente nos currículos públicos. Por isso, colhem o bônus e o ônus de certa "institucionalização": experiências mais engessadas, dentro de um currículo clássico, como aulas expositivas sobre mídia, podem não representar uma transformação real no ambiente escolar, mas tornar-se uma repetição do mesmo modelo.

Por outro lado, sobram exemplos em que o trabalho criativo em educação midiática, somado a ações fora da escola, transformaram as instituições em novos espaços de construção de conhecimento e socialização. Um grande exemplo é a High Tech High, escola *charter* (de gestão comunitária) que se iniciou na Califórnia e hoje conta com 11 unidades espalhadas pelos Estados Unidos.

O modelo não segue à risca um currículo nacional. A educação midiática é incorporada organicamente aos projetos realizados por estudantes, com a mentoria de professores. Assim, ao desenvolverem um website ou aplicativo como desafio, questões da mídia têm de ser debatidas e compreendidas. Um ambiente inovador e um currículo flexível, como na High Tech High, são ao mesmo tempo um campo propício para propagação e um resultado da ação direta da educação midiática – que ganha mais sentido quando fora de aulas expositivas e desconexas em um currículo de escola tradicional.

Na Europa, o país báltico da Estônia é um caso interessante. A aposta em tecnologia como estratégia de desenvolvimento econômico, tanto por parte de empresas – o país é berço do Skype, por exemplo – quanto pelo governo (trata-se do poder público mais digitalizado do mundo, com uso extensivo da tecnologia *blockchain*), forçou a educação formal a reagir para formar cidadãos que respondam criticamente a essa realidade. E a educação midiática é um dos eixos transversais fundamentais das escolas públicas de ensino básico do país.

No Brasil, um estudo do Fundo das Nações Unidas para a Infância (Unicef, na sigla em inglês) de 2002 liderado pelo sociólogo Fernando Rossetti mostrou que práticas envolvendo educação, comunicação e participação estavam espalhadas isoladamente em escolas e comunidades – mas havia pouca influência desses aprendizados sobre o currículo. Desde então, alguns esforços da sociedade civil, como a Rede de Experiências em Comunicação, Educação e Participação (Rede CEP), conseguiram incluir em documentos de referência no Ministério da Educação o trabalho em educação midiática como fundamental para a qualidade do aprendizado dos alunos.

A mais recente conquista é a inclusão do desenvolvimento de habilidades relacionadas à educação midiática e também a inclusão do campo "jornalístico-midiático" na Base Nacional Comum Curricular (BNCC) para os Ensinos Fundamental 2 e Médio. Mesmo assim, num olhar mais amplo, um levantamento preliminar recente feito pela Escola do Futuro da Universidade de São Paulo (USP) mostra que a maioria das políticas públicas no campo está ainda voltada para o uso das TICs, longe das preocupações do Ministério da Educação.

Retomando a ideia da cebola descascada no início deste artigo, embora o tema tenha ficado mais palpável para as escolas brasileiras, a camada crucial para que o desenvolvimento das habilidades de educação midiática desça à sala de aula é a formação de professores. Somente eles podem usufruir o terreno fértil que documentos de referência proporcionam para desenvolver atividades e propostas educativas nas salas de aula.

Nesse sentido, faltam não só recursos, mas sobretudo uma visão sistêmica e uma organização curricular do que seria uma formação inicial do educador no Brasil para que ele possa trabalhar o desenvolvimento dessas novas competências. Mais uma vez, o país peca pelas iniciativas isoladas, frágeis (porque nascidas como políticas de governos e não de Estado), além de pouco coordenadas.

Fora das amarras do poder público, e pela ótica da mídia digital e das organizações civis, há algumas ações que promovem formação de professores para a educação midiática de forma independente, à luz do que propõe a BNCC. Uma delas é a Educamídia, uma iniciativa do Instituto Palavra Aberta e do Google.

Em uma análise em estudos bem-sucedidos de educação midiática no mundo, é possível concluir:

- a alfabetização midiática está diretamente ligada à participação política, democrática, e ao desenvolvimento econômico;
- para as novas gerações, o mundo informacional e digital não é um apêndice do mundo físico, mas parte fundamental dele;
- não é possível obter resultados aceitáveis em exames internacionais, como o Programme for International Student Assessment (Pisa), se a educação midiática não for levada em conta como política pública por um país;
- a escola sozinha não dá conta de cumprir o desafio de educar os cidadãos para a mídia; a mídia em si e a sociedade civil organizada são fundamentais;
- há uma real necessidade de a escola atualizar sua proposta de desenvolvimento do pensamento crítico para crianças e jovens; mas há uma necessidade real para populações adulta e idosa, que são naturalmente "migrantes digitais".

A Aliança Global pela Alfabetização Midiática e Informacional (GAPMIL, na sigla em inglês) da Unesco tem apontado que o próximo passo para a educação midiática é que ela acompanhe o movimento de reconquista que a escola tem em relação à cidade e a outros espaços. Se aprendemos o tempo todo, em todos os lugares, as políticas e iniciativas educacionais também devem estar espalhadas e desenvolvidas por outros atores da chamada educação informal. Em outras palavras, iniciativas curriculares, sejam engessadas, sejam disruptivas, não bastam para lidar com a questão.

O que mais preocupa no Brasil é que o próprio debate sobre a importância da educação midiática já está atrasado com relação ao "espírito do tempo" que a escola deve abarcar. Esse senso de urgência é sublinhado em um estudo da União Europeia sobre o gigantesco custo financeiro da desinformação para a política do continente, realizado pela dra. Divina Frau-Meigs, da Sorbonne Nouvelle de Paris. Ao comparar todas as políticas públicas de educação midiática dos países que compõem o bloco, a conclusão da pesquisadora é simples: para preparar uma população para os desafios no nosso tempo, é melhor ter alguma educação midiática, mesmo que muito longe da ideal, a nenhuma. Por aqui, estamos ainda muito próximos do zero.

LIBERDADE DE EXPRESSÃO OU DEVER DE FALAR A VERDADE?

[Ronaldo Porto Macedo Jr.]

O direito à liberdade de expressão impõe o dever de não mentir ou dizer a verdade?[1] O tema tem sido tratado com certa ambiguidade pela doutrina e jurisprudência brasileiras. Ora se supõe que existe um dever de veracidade por parte do emissor de um conteúdo expressivo, ora se entende que a verdade não faz parte desse dever.

Um exemplo paradigmático foi a condenação do negacionismo histórico do Holocausto, com o julgamento do caso do editor brasileiro Siegfried Ellwanger, que dividiu o plenário do Supremo Tribunal Federal (STF) em 2003. Por oito a três, o STF confirmou a condenação por crime de racismo.

No sentido contrário, em 2015 o STF entendeu que autores têm liberdade para interpretar fatos históricos quando reconheceu o direito dos biógrafos de escreverem a sua versão da história de alguém (ADI 4.815 DF).

A jurisprudência e a teoria do direito mais liberal dominante nos Estados Unidos desde há muito têm entendido que a liberdade de expressão é incompatível com o dever de dizer a verdade e com a possibilidade de se censurar a mentira.

Mesmo na tradição do direito alemão, menos liberal e fortemente impactado pelo nazismo, têm se notado algumas modificações importantes acerca da vedação do negacionismo.[2]

O tema é amplo e não envolve apenas a complexa questão da verdade, mas principalmente os efeitos da intenção de iludir e mentir. Uma das novas dimensões desse tema tem surgido nos debates sobre as formas de controle das chamadas *fake news*, ou notícias falsas.

É importante notar que, por um lado, o problema não é novo, visto que notícias falsas sempre existiram, por outro, o seu impacto e a forma como elas podem afetar a própria democracia se alteraram profundamente com a expansão e disseminação das redes sociais e da comunicação por meio eletrônico.

Se no passado a famosa veiculação da notícia sobre a invasão de marcianos nos Estados Unidos, feita por Orson Welles, pôde gerar certo pânico e produzir, como consequência, uma saudável desconfiança do público com relação a tudo que pode encontrar nos jornais, por outro lado há estudos indicando que a manipulação deliberada e organizada da mídia pode ter impactado de forma relevante as recentes eleições nos Estados Unidos e na França.

Também em eleições brasileiras esse fenômeno foi verificado, bastando lembrar a ampla divulgação (ainda que em tempos de menor capacidade de disseminação de informações), em 1984, de falsa notícia sobre as intenções do então candidato à prefeitura de São Paulo, Fernando Henrique Cardoso, de incluir maconha na merenda escolar das escolas públicas municipais.

Na Alemanha, uma nova legislação sobre *fake news*, em vigor desde o início de 2018, estabelece elevada sanção às empresas mantenedoras de redes sociais, como Facebook, Twitter e YouTube, caso não retirem do ar – em um prazo de 24 horas – "conteúdo manifestamente criminoso". As violações na gestão das redes podem acarretar multas até 50 milhões de euros às empresas, enquanto os indivíduos podem ser multados até 5 milhões de euros.

Há vários desafios e problemas relacionados à reflexão sobre as formas de regulação do fenômeno das *fake news*.

O primeiro problema se refere à própria dificuldade de se definir com clareza o que vêm a ser *fake news*. Dificuldade semelhante existe com respeito ao conceito de "discurso de ódio".

Num caso paradigmático, é evidente que *fake news* podem significar uma notícia forjada de forma deliberada para enganar uma audiência e, dessa forma, gerar algum tipo de vantagem econômica ou política indevida. Contudo, há casos limítrofes de difícil enquadramento, como websites que veiculam informações parcialmente distorcidas, descontextualizadas, enviesadas ou dúbias. Por vezes os emissores também recorrem à criação de manchetes que não traduzem o conteúdo das matérias, mas que servem de isca para leitores desavisados. O importante, contudo, é destacar que o conceito de *fake news* se refere a veiculação de mensagem capaz de gerar algum tipo de fraude dentro do sistema de comunicação na qual ela opera. Nos dias de hoje, o sistema das redes sociais, com suas regras, impactos, potencialidades e atores, é um ponto central na própria definição de *fake news*.

Um segundo problema se refere à forma de divulgação. Durante as últimas campanhas presidenciais na França, nos Estados Unidos e no Brasil, foi constatado o uso de diversos robôs ou artifícios de impulsionamento automáticos para multiplicar notícias falsas, maximizando o seu efeito enganoso.

Nesse caso, o que se viu, portanto, não foi a ação individualizada, circunscrita, de comunicação de notícia falsa por um particular, mas a montagem de uma estratégia de comunicação de massa de informações falsas com objetivos políticos violadores do princípio democrático.

Um terceiro e clássico problema diz respeito à própria definição do que são verdade e falsidade, bem como os contextos nos quais se exige um especial cuidado com os critérios científicos de verdade. Sabemos que uma interpretação de um fato histórico pode gerar desacordo na comunidade de historiadores, e não seria sensato proibir a publicação de interpretações discordantes dele.

Ao mesmo tempo, por um lado, não parece razoável a ninguém proibir a divulgação de que Deus fez o mundo em sete dias apenas porque tal explicação astronômica não encontra respaldo na ciência moderna. Por outro lado, acreditamos que a liberdade de expressão não autoriza um médico contratado para cuidar de uma cardiopatia a afirmar que o seu paciente deveria fazer um tratamento exclusivamente à base de orações e consultas a oráculos.

Em quarto lugar, ainda não sabemos com certeza quais serão as transformações que tal fenômeno pode gerar no mercado de ideias e nos processos democráticos. Se algumas pesquisas preliminares apontam para a grande importância das redes sociais como fonte primária de informação política em países como os Estados Unidos, novas investigações apontam para o fato de que uma grande parcela daqueles que leem e buscam informações nas redes sociais procuram também checar sua veracidade consultando outras fontes de notícias sempre que a informação pode ter grande impacto.

Ademais, a mesma velocidade de disseminação de informação falsa parece estar presente na sua denúncia e desmentido. Isso parece ser ainda mais verdadeiro ao se formarem estruturas mais organizadas de disseminação de informação no campo político, onde o que um político faz é monitorado por seus concorrentes.

Observamos o surgimento de outros mecanismos de controle da confiabilidade das informações que circulam na internet e nas redes sociais. Um deles foi o mecanismo de qualificação das informações que circulam por esses meios eletrônicos. O Facebook, por exemplo, criou um mecanismo pelo qual marca informações que foram contestadas por terceiros (*"Disputed by 3rd party fact-checkers"*) de modo a gerar uma prontidão de acautelamento por parte do consumidor da notícia. Mecanismo semelhante será colocado em prática pelo Google Chrome para chamar a atenção dos usuários que buscam informação através desse navegador.

A criação de listas de websites divulgadores de *fake news* já tem sido feita e pode também prestar um serviço relevante na mitigação dos efeitos deletérios da disseminação de notícias falsas. É certo, contudo, que novos sites são criados diariamente, tornando impossível a listagem completa daqueles que se dedicam a disseminar *fake news*. Ademais, novos problemas já estão prenunciados com respeito aos limites e deveres desses provedores e sistemas de comunicação para fazer tais verificações.

No Brasil, o debate sobre o tema começa a ganhar importância e alguns projetos de lei já começam a sugerir soluções pouco democráticas para tratar do tema, impondo algum tipo de censura ou dever de falar a verdade, o que pode representar uma nova ameaça ao ainda pouco consolidado pensamento nacional sobre a liberdade de expressão.

Na disputa eleitoral que culminou na eleição do presidente Bolsonaro, o uso intensivo de *fake news* eleitorais por diversos grupos e partidos políticos resultou na criação de comissões destinadas ao seu combate e regulação tanto no Superior Tribunal Eleitoral como no Congresso Nacional.

À primeira vista, por um lado, parece razoável supor que o tratamento jurídico das *fake news* deverá distinguir as responsabilidades envolvidas na afirmação de fatos e na afirmação de opiniões. A proteção de ideias e opiniões faz parte do caso central no qual a liberdade de expressão é mais valiosa e merece ser protegida. É por esse motivo que mesmo nos Estados Unidos, famoso pela forma extrema com que acolhe a liberdade de expressão, se reconhece o dever dos jornalistas de investigar zelosamente uma informação factual antes de divulgá-la. Já a opinião jornalística é mais amplamente protegida. É evidente também que o dever ético do jornalista e do divulgador de notícias não se limita aos seus deveres estritamente jurídicos, aqui discutidos.

Por outro lado, os criadores de estratégias deliberadas para enganar o público (como o uso de robôs que reproduzem e multiplicam mensagens enganosas) poderão ser responsabilizados na medida em que forem, de fato, capazes de produzir os resultados deletérios que hoje se lhes atribui (como modificar resultados eleitorais).

A correta avaliação desses impactos, contudo, ainda está a merecer mais detido estudo, para que se evitem os discursos alarmistas e precipitadamente defensores de controles da liberdade de expressão que muitas vezes apenas mal disfarçam a velha intenção de censura e restrição dessa importante liberdade.

Afinal, os recorrentes alarmes sobre os riscos que a democracia corre ao não censurar as "notícias falsas" são frequentemente casos notórios de *fake news* ou de mal disfarçada censura. A percepção dessas preocupações ficou patente na desastrada abertura de inquérito no STF, pelo ministro José Antonio Dias Toffoli, para apurar *fake news* que tenham a Corte como alvo, e as medidas de busca e apreensão determinadas pelo ministro Alexandre de Moraes contra, conforme despacho, "a existência de notícias fraudulentas (*fake news*), denunciações caluniosas, ameaças e infrações que atingem a honorabilidade e a segurança do STF, de seus membros e familiares".

A reação da mídia e da sociedade, felizmente, colocou luz na complexidade e nos desafios que cercam esse tema.

NOTAS

1. Cf. PRADO JR., Bento. "Não dizer a verdade equivale a mentir?", *Discurso*, São Paulo, n. 15, pp. 39-48, dez. 1983. Disponível em: < http://www.revistas.usp.br/discurso/article/view/37911/40638> Acesso em: 1/7/2019.
2. GRIMM, Dieter . "The Holocaust Denial Decision of the Federal Constitutional Court of Germany". In: HARE, Ivan e WEINSTEIN, James. *Extreme Speech and Democracy*. Oxford: Oxford University Press, 2009, pp. 557-561.

FAKE NEWS E O FUTURO DA NOSSA CIVILIZAÇÃO

[Joel Pinheiro]

Na aurora da internet, ali entre o fim dos anos 1980 e o início dos anos 1990, os profetas da nova tecnologia vislumbravam uma era de harmonia entre os homens. A informação iria circular livremente e, assim, resolveria divergências – políticas, científicas, econômicas – com rapidez e sem deixar dúvidas. Já que todos teríamos acesso à informação abundante, os erros seriam facilmente corrigidos. Cada nova descoberta seria rapidamente incorporada ao conhecimento geral. Todos tenderiam à moderação, com os radicalismos sendo logo eliminados por fatos e dados, e o espectro das opiniões no debate público ficaria reduzido aos diferentes matizes de um mesmo centro moderado. As teorias conspiratórias, a pseudociência, os engodos populistas, as religiões malucas seriam logo coisa do passado.

Trinta anos depois, digamos que não foi bem isso que aconteceu. A informação de fato se democratizou, mas o resultado não foi um caminhar progressivo rumo ao centro e ao consenso. Vivemos justamente o contrário: os polos se fortalecem, os discursos se radicalizam e a própria noção de verdade parece não importar mais tanto assim. Ainda por cima, não falta quem tente lucrar e obter ganhos políticos com a onda de desinformação e credulidade que varre o planeta, insuflando teorias da conspiração, pintando mesmo fatos banais com tinturas pesadamente ideológicas e até, quando necessário, difundindo mentiras a um público mais do que disposto a engoli-las. A era da informação pode com igual justiça ser chamada de era das *fake news*.

Afogados em *fake news*

O uso de uma expressão estrangeira para algo que tem um nome perfeitamente conhecido em nossa língua ("notícia falsa") já indica algo além do sentido normal das palavras. E há mesmo. As *fake news* não são apenas um erro jornalístico, uma barrigada fruto do desleixo do repórter. Elas têm um elemento adicional: a intenção de enganar, e enganar para um lado específico. *Fake news* são a mentira intencional a serviço de alguma causa escusa.

As *fake news* em sentido estrito – a afirmação de um fato que simplesmente não ocorreu – são o caso extremo de um tipo de comunicação mais amplo e cada vez mais comum, que envolve todo tipo de distorção e enviesamento de conteúdo de modo a torná-lo mais polarizador, isto é, formulado de modo a despertar a indignação ou a confirmação dos preconceitos do público-alvo.

Um homem matou outro. Essa é a notícia. Mas ela pode ser apresentada de muitas maneiras: um meliante assassinou um cidadão de bem. Um petista matou um bolsonarista. Um evangélico matou um ateu. Todos esses fatos podem ser verdadeiros; mas eles incluem, além do objetivo de informar acerca de um fato, uma óbvia finalidade de confirmar certos preconceitos ou despertar certas paixões. As *fake news* vão um passo além: afirmam o que não é o caso. Esticam a linguagem até o ponto em que a corda se rompe e não há mais vínculo possível – nem com toda a boa vontade do mundo – entre o que se diz e o que aconteceu.

Embora o assunto tenha ganhado popularidade recentemente, a coisa é antiga. As *fake news* eram, aliás, a regra antes da comunicação de massa. No século XIX e início do XX, quando centenas de jornais e panfletos disputavam a opinião pública, cada um com uma versão dos fatos para um certo tipo de leitor, era difícil distinguir verdade e ficção. No início do século XX, uma das *fake news* mais bem-sucedidas da história, "Os protocolos dos sábios de Sião" – originalmente um produto de desinformação da polícia czarista da Rússia –, convenceu legiões de pessoas ao redor do mundo de que havia uma conspiração judaica para dominar a civilização. Apesar das diversas refutações, ainda hoje há quem acredite.

Com a comunicação em massa – rádio, televisão, institucionalização do jornalismo –, alguma ordem foi imposta sobre o caos. Era possível a alguns poucos geradores de conteúdo chegar a milhões de pessoas, embora isso exigisse recursos vultosos. Isso reduziu a pluralidade de vozes e opiniões, mas garantiu uma qualidade mínima para tudo que era veiculado em publicações sérias. Tabloides e panfletos continuaram a existir, mas ninguém tinha dúvida de que, se quisesse notícias minimamente confiáveis, não era a estes que deveria recorrer. O grosso da população de todas as sociedades ocidentais virou consumidor cativo de grandes empresas de mídia que, embora pudessem estar mais à direita ou mais à esquerda, partiam de um consenso.

A internet mudou isso. Quebrou o poder dos grandes grupos de comunicação. Primeiro facilitando o acesso à informação. Num segundo momento, com as redes sociais, com a inovação crucial: agora cada usuário virou também um potencial gerador de informação que pode chegar às massas.

O poder de funil da mídia, de determinar que informação merece ou não chegar ao grande público, foi perdido. Não dá mais para silenciar vozes dissonantes. Isso vale para jornais, universidades, igrejas, Estados. Chegamos à democracia da informação. Mas, por algum motivo, o cenário se assemelha mais a um campo de guerra onde gritamos uns na cara dos outros e não confiamos em ninguém. Onde foi que nos extraviamos?

Novos tempos, antiga natureza

Seguindo uma antiga e duradoura linhagem da filosofia ocidental, que culminou no Iluminismo, pensamos no ser humano como um ser dotado de razão e que busca a verdade. Seu intelecto é uma máquina de processar informação que tem como finalidade chegar a uma representação tão fiel do mundo quanto seja possível, dada sua capacidade mental e a informação disponível. Deixado relativamente livre do peso da autoridade humana e recebendo a instrução necessária, ele avançará em sua busca pelo conhecimento.

Hoje sabemos que nossa mente não é especialmente talhada para se comportar de maneira racional. Somos levados espontaneamente a todo tipo de falácia lógica em nosso pensamento: conclusões indevidas, crença na autoridade e, acima de tudo, viés de confirmação. Se acreditamos em algo, nossa mente trabalha dobrado para valorizar informações que confirmem essa crença e invalidar informações que a contradigam.

Nossas crenças se prestam a muitos outros fins além de apenas representar o mundo real da maneira mais racional possível. Para agir e sobreviver é preciso ir além do que a razão permite. O ser humano não busca apenas a verdade. Busca também – e nisso as visões mais idealistas da natureza humana relutam em reconhecer – o poder. E nossas crenças servem a esse fim.

O homem é um animal político. Um animal que se organiza em sociedade e busca aumentar o seu poder. Organizamo-nos em grupos que buscam o poder, opondo-se uns aos outros. Esses grupos adotam símbolos, práticas e crenças como fatores de união e coesão grupal. Queremos ser bons membros de nosso grupo, reconhecidos como representantes fiéis e puros de seus valores. Reproduzir as crenças de nosso grupo é essencial para pertencermos.

Essa é uma lição já bem conhecida por grupos religiosos, que estão jogando há séculos o jogo da conversão alheia: muito mais eficaz do que argumentar racionalmente a favor de suas crenças (uma vez que muitas dessas crenças dependem de um ato de fé) é fazer o alvo se sentir incluído na comunidade, construir com ele uma relação de confiança. Se ele se torna um de "nós", se convivemos, partilhamos experiências e lutamos pelos mesmos objetivos, a mudança nas crenças é um passo natural e quase inevitável.

Com as redes sociais, criar novos grupos apartados da informação *mainstream* e dedicados a cultivar suas próprias crenças se tornou muito fácil. Cada blog ou usuário de WhatsApp pode criar um conteúdo com cara de notícia que será consumida por esses grupos, cada um reforçando seu ponto de vista. A tendência é o radicalismo crescente. Não há mais um chão comum. Assim, a enxurrada de informação a que temos acesso teve o efeito absolutamente contrário: em vez de corrigir nossa visão de mundo com cada vez mais velocidade, a abundância permite que escolhamos os pedaços de informação mais adequados para confirmar e sedimentar nossa visão de mundo, seja ela qual for. É por isso que, ao mesmo tempo que temos acesso ao conhecimento científico com uma facilidade inédita na história, aumenta o número de pessoas que não acreditam em vacinas ou na esfericidade da Terra.

Um problema de confiança

Os grandes avanços de nossa sociedade foram construídos sobre a ciência e a argumentação racional. No entanto, a quantidade de conhecimento acumulado em cada detalhe de nosso modo de vida é maior do que o que qualquer um de nós saberia provar. Como funciona um motor por combustão? Como se calcula a circunferência da Terra? Quais os efeitos de uma vacina no nosso sistema imunológico? A maioria de nós acha que sabe as respostas a essas perguntas, mas se alguém nos pedir que expliquemos em detalhes, veremos quão grande é nossa ignorância mesmo sobre aspectos básicos do mundo em que vivemos. Na prática, aceitamos quase todos os conhecimentos por um motivo simples: confiamos – ou confiávamos – nas autoridades.

O argumento de autoridade é uma falácia notória, mas é dele que dependemos para que a vida em sociedade funcione. Confiamos nos cientistas, nos professores universitários, nos jornalistas, nos institutos públicos. Essa crença nas autoridades é racional. Temos bons motivos para acreditar na ciência, no jornalismo etc. Eles existem num mundo competitivo, em que erros de um são explorados por seus rivais, gerando um incentivo virtuoso. Seguem um método científico que poderia ser reproduzido, trabalham segundo balizas e códigos de ética profissionais que filtram os equívocos mais grosseiros; são transparentes e estão abertos a críticas. Mesmo assim, se alguém estiver decidido a acreditar que as principais instituições da sociedade estão unidas num megacomplô para enganar sistematicamente o cidadão comum, não há como provar de maneira definitiva que ela está errada. Um certo ato de fé – ou melhor, de confiança – é necessário.

As *fake news* – sejam aquelas literalmente falsas, sejam as que esticam o sentido das palavras para ter um impacto radicalmente polarizante – dependem de um terreno fértil, já preparado para elas: a descrença generalizada em todas as instituições, em especial na imprensa. A campanha de descrédito de jornais e da imprensa em geral é uma peça central na promoção de *fake news*. E isso é quase um processo natural quando o indivíduo descobre que a autoridade que antes protegia o conhecimento pode ser facilmente questionada, e nem sequer tem as respostas para os argumentos que lhe pareceram tão plausíveis num vídeo de YouTube.

O discurso de que a mídia nos engana é velho e batido. Mas no passado podíamos nos dar ao luxo de repeti-lo sabendo que não existia alternativa; a crítica era sem custo. Não mais.

As críticas ao suposto viés da mídia – se de esquerda ou de direita, tanto faz – estão mais comuns. E de fato: nenhuma publicação jamais será 100% objetiva. Mas algo não convence nos críticos. Pois as pessoas que mais reclamam da falta de imparcialidade da imprensa, na hora de escolher fontes alternativas escolhem se informar em sites de militância política e correntes anônimas de WhatsApp.

A mídia tradicional, com todos os seus vieses e imperfeições, garantia um corpo de informação consensual – e com algum controle de qualidade –, o qual assegurava que as diferentes coalizões que buscam o poder não pudessem se distanciar demais. O jornalismo irrita, ele parece trabalhar contra nosso time do coração, trair nossos valores. Mas essa traição é o que ele tem de mais valioso. Um jornalismo que serve para confirmar as crenças e sentimentos de seus leitores já abriu mão da missão de informar.

O que fazer

As *fake news* promovem o caos informacional na sociedade. É como a erva daninha que cresce num jardim e requer o trabalho constante dos jardineiros – agências de checagem e jornalismo profissional. Vejo-as, contudo, mais como um sintoma do que uma causa dos males dos nossos tempos.

Ao mesmo tempo, cabe ao próprio jornalismo recuperar a confiança da população. Em primeiro lugar, apostando no profissionalismo, sem se deixar levar pelas paixões políticas que nos trouxeram a esta situação. Em segundo, deixando de lado o discurso da autoridade institucional intocável e apostando, em vez disso, na capacidade de aproximar o cidadão do fazer jornalístico, desmistificando as ideias equivocadas e teorias da conspiração.

Abrimos uma caixa de Pandora. E ela não poderá ser fechada. Primeiro demos às pessoas – a todas as pessoas – o poder de acessar informação por conta própria. Depois, com as redes sociais, o poder de criar e difundir informação por conta própria. O resultado não foi a tão idealizada ágora digital, espaço de diálogo racional e civilizado, e sim o fim de qualquer limite à guerra de egos, vaidades e busca do poder. A natureza humana saiu da caixinha e nada irá colocá-la de volta lá.

E isso nem seria desejável. A complacência dos antigos donos da informação, a passividade das pessoas perante os meios de comunicação e da ciência também permitia abusos enormes. *Fake news* hoje em dia distorcem resultados eleitorais. Mas por acaso o voto do eleitor médio de trinta anos atrás era mais bem informado?

Os formadores de opinião terão de mudar a concepção que têm de si mesmos – não mais os portadores de verdades garantidas por credenciais acadêmicas ou de imprensa; terão de se haver no corpo a corpo com a formação de opinião em meio às pessoas comuns e seus argumentos. Nesse processo, ajudarão a elevar, pouco a pouco, a racionalidade do debate.

Quando as salvaguardas institucionais se vão, a virtude pessoal ganha uma importância redobrada. Mais do que nunca, somos responsáveis pelo nosso conhecimento e não podemos mais esperar que a mera autoridade institucional faça esse trabalho de passá-lo adiante. As razões de nossas crenças precisarão ser conhecidas. A educação, mais do que acúmulo de informação, tem de nos preparar para pensar criticamente e saber avaliar diferentes argumentos. A crença iluminista sobre a natureza humana estava equivocada; mas o projeto iluminista de emancipar a todos pelo uso da razão segue sendo, fora das tradições religiosas, nossa maior aspiração coletiva. Pensar por conta própria nunca foi um desafio tão grande.

“GUERRA DE *LIKES*”: PRECISAMOS DOMINAR AS FERRAMENTAS E FAZER A VERDADE VIRALIZAR

ENTREVISTA COM PETER WARREN SINGER

[Mariana Barbosa]

As mídias sociais se transformaram em um campo de batalha. Botões de curtidas e compartilhamentos viraram armas, usadas para viralizar mentiras, influenciar políticas e conquistar poder. Para Peter Warren Singer, cientista político norte-americano especializado em guerras no século XXI, o cenário é de fato assustador – mas a batalha está longe de estar perdida.

Para enfrentar sucessivos ataques de desinformação, é preciso uma ação articulada em nível governamental, empresarial e dos indivíduos. O grande desafio, diz Singer, é que, no nível de governos, empresas e indivíduos, vivemos uma negação em relação à escala desse tipo de campanha para manipular desde os nossos pensamentos até as nossas ações. “As pessoas estão sendo hackeadas, com a viralização das ideias por meio de mentiras, curtidas e compartilhamentos. O que viraliza – ou deixa de viralizar – pode moldar qualquer coisa: do vencedor de uma eleição ou qual grupo terrorista será bem-sucedido ou não até literalmente quem vai vencer uma batalha.”

Singer é autor de *LikeWar*,[1] que explora como as mídias sociais estão mudando a natureza das guerras e da política e como a guerra e a política estão transformando as redes sociais. *LikeWar* foi eleito livro do ano pela Amazon e considerado, pela Booklist, “leitura obrigatória por todo mundo que vive ou quer viver em uma democracia”.

A seguir, os principais momentos da entrevista concedida por Peter Warren Singer com exclusividade para Mariana Barbosa:

Active denial

Da mesma forma que na guerra cibernética nos preocupamos com *hackers* que invadem as redes e roubam dados, temos que ficar atentos à Guerra de *Likes*, pois ela afeta governos, democracias, negócios e também indivíduos. O grande desafio é que, no nível de governos, empresas e indivíduos, vivemos uma "negação ativa" (*active denial*)[2] em relação à escala desse tipo de campanha para manipular desde os nossos pensamentos até as nossas ações: o ato de escolher qual filme assistir ou em quem votar e até os nossos pensamentos em relação à ciência e à verdade.

Desde as eleições de 2016 nos Estados Unidos, aconteceram ataques de desinformação em eleições em mais de vinte países. Nos Estados Unidos, houve um período inicial de negação por parte do governo e das empresas. A administração de Donald Trump não realizou nenhuma reunião sobre o tema nos primeiros dois anos. E Mark Zuckerberg (cofundador e CEO do Facebook) afirmou ser uma "ideia maluca" dizer que esse tipo de atividade tenha acontecido em larga escala. Hoje sabemos que 140 milhões de norte-americanos, metade da população, estiveram, sem saber, expostos à propaganda russa no Facebook. Claro, os russos não são os únicos perpetradores desse tipo de atividade. Há uma variedade de grupos políticos promovendo essas batalhas.

O alcance ainda é subestimado. Há uma negação em relação à efetividade dos ataques de desinformação. Se continuarmos dizendo que não é relevante, não precisamos mudar a forma de operar. Mas os ataques envolvem coisas cruciais como motivar alguém a entrar num grupo extremista. Ou desestimular alguém de votar. Aí é que entramos no plano do indivíduo. A gente sempre pensa que os outros é que são afetados, nunca a gente. Estudos mostram que não é o caso. Somos manipulados até na hora de fazermos as nossas seleções de filmes na Netflix.

Plano individual

Tentamos ajudar as pessoas a entender a noção simples, mas incrivelmente poderosa, de que a internet começou como uma forma de cientistas se comunicarem e depois se tornou um meio para todos nós nos comunicarmos. E que, ao se transformar em um enorme ambiente de comunicação, também se transformou em um ambiente de negócios e um campo de batalha política. E essas batalhas têm efeitos no mundo real. Há 15 anos as pessoas começaram a se preocupar com segurança cibernética: os governos alteraram comandos militares, as empresas investiram em segurança de informação. O fato de o banco ter tecnologias de segurança não significa que a gente não precise ter boas senhas. Agora temos de passar por tudo isso de novo. Precisamos disso para nos tornarmos não apenas consumidores melhores, mas também cidadãos melhores.

Empoderamento

Há uma frase que acho maravilhosa sobre a razão de as pessoas amarem as mídias sociais – e que foi dita por três pessoas completamente diferentes: Trump, celebridade empresarial que virou político; LeBron James, atleta que virou celebridade e empresário; e um adolescente que virou terrorista no Estado Islâmico e depois celebridade. Os três disseram amar as redes sociais pois é "como ter o seu próprio jornal". É uma imagem muito poderosa. Você decide o que é importante e o que vai compartilhar com o mundo.

Isso empoderou as pessoas – há histórias incríveis de jovens adolescentes no Brasil que usam as redes para contar histórias das comunidades e também para expor a criminalidade e o abuso das polícias. Contudo, sem "aquela coisa no meio" – que era o papel da mídia profissional –, muitas das atividades tóxicas que acontecem no mundo digital viralizam sem uma intermediação capaz de verificar sua autenticidade.

Disrupção da mídia

Existe essa ideia de um paralelo do momento atual com a era da descoberta da imprensa – que produziu grandes transformações, como a difusão do conhecimento de forma massiva, disseminando a ideia de democracia, cidadania e direitos, incluindo a própria ideia de liberdade de imprensa, que não existia antes da invenção da imprensa. Mas também houve efeitos como a Reforma Protestante – e, se você é católico ou protestante, terá uma visão diferente; e guerras que levaram um terço da população europeia à morte. Tivemos outros momentos de disrupção. A televisão também mudou a política – para o bem e para o mal –, alterando o perfil dos líderes que se destacam e florescem.

Tecnologia ou mídia

As *big tecs* criaram a tecnologia e se veem como empresas de tecnologia. Mas isso também significa que elas estão em estado de "negação ativa" não apenas em relação à toxicidade que emana das suas plataformas, mas sobre quem elas mesmas são. As empresas de tecnologia se transformaram em intermediários, papel que era da mídia. Elas dizem, porém, que não podem decidir a respeito do que pode ou não ser veiculado. Não apenas podem, como elas fazem isso, alterando algoritmos para elevar ou reduzir o alcance de um conteúdo. Fazem isso em assuntos de moralidade quando banem pornografia infantil. Ou por razões comerciais, banindo conteúdos que infringem direitos de propriedade intelectual. Mas isso também significa que elas podem assumir o papel de mídia em assuntos de política. Elas já permitiram que terroristas usassem as suas plataformas. O Estado Islâmico podia fazer transmissões ao vivo, então elas mudaram de ideia e começaram a banir contas do Estado Islâmico. Será que elas devem também banir pessoas que difundem "mentiras científicas", trazendo prejuízos à sociedade, como o movimento antivacinação?

Árbitro da verdade

Em determinado momento da nossa história, a gente diria que Deus – ou os deuses – deveria ser o árbitro da verdade, como expresso por seus representantes na Terra. Podia ser o sumo sacerdote ou o papa. Depois, o árbitro da verdade passou a ser o rei por direito divino. Depois veio o Iluminismo, o qual diz que o árbitro da verdade não é um deus ou seu representante na Terra, mas que existem verdades universais e indiscutíveis. E isso define o modo como encaramos a ciência e até como pensamos no conceito de democracia. Os líderes das revoluções políticas que aconteceram nos Estados Unidos, na França, nas Américas, foram todos forjados pela ideia iluminista de verdade universal.

Fatos alternativos

Agora, na era das mídias sociais, vivemos esse questionamento estranho, mas real, da natureza da verdade em si. Trump fala em "fatos alternativos": você pode ter os seus fatos; e eu, os meus. Apesar de estarmos no mesmo mundo, os fatos vão depender do *feed* da sua mídia social. Isso pode não fazer o menor sentido para você, mas faz sentido no mundo dos virais e dos *likes*. Mesmo com evidências e documentos, as pessoas vão vivenciar acontecimentos de formas distintas e escolher as suas verdades. Isso é apavorante.

Verdade dos fatos

Estamos todos tentando entender o que isso significa e como fazer para defender os fatos. Quem vai intervir e decidir? Seria algo a ser coletivamente decidido? Ou é algo que cabe a uma corporação? Ou a um governo? De todas as formas pode haver abuso – particularmente em uma era não exatamente de governos autoritários empoderados pelas mídias sociais, mas em que a democracia parece cada vez mais autoritária por influência do populismo –, deixando de lado seu papel de promover a verdade e a tolerância.

Marcas como alvo

Assim como em segurança cibernética, as marcas precisam ter consciência de que elas também podem ser vítimas da "guerra de *likes*": ser alvo de campanhas de desinformação e dos chamados "movimentos *astroturf*", que promovem ondas de protestos *fake* contra as marcas. As empresas têm uma responsabilidade com o ecossistema e têm poder para usar seu dinheiro a fim de influenciar as plataformas a melhorar suas práticas para reduzir o ambiente tóxico. Do mesmo jeito que elas não gostariam de exibir anúncios em um outdoor em frente a um lixão, elas não podem permitir que seus anúncios estejam associados a conteúdos que promovam teorias da conspiração, desinformação e discurso de ódio. A boa notícia é que coletivamente ainda não estamos fazendo tudo o que podemos. Isso significa que cada nova ação por parte de governos, empresas e indivíduos vai contribuir para tornar o ambiente mais saudável. Tento ser otimista. Há coisas que podem ser feitas – e elas não são terrivelmente onerosas: não requerem uma nova internet nem ameaçam a liberdade de expressão.

Inteligência artificial (IA)

Estamos no início de uma nova era: a tecnologia ficará mais avançada, em particular com a inteligência artificial. Os conteúdos serão produzidos de forma muito mais persuasiva, com o *micro targeting* afetando a psicologia das pessoas. A IA impõe enormes desafios, por isso temos de desenvolver recursos em diferentes níveis e instâncias. No caso das *deepfakes*, a resposta dos governos pode ser algo como financiar pesquisa e desenvolvimento para permitir a rápida identificação e atribuição de *deepfakes* – da mesma forma que os governos investem em pesquisas para identificar novas doenças ou desenvolver novas armas militares.

Do ponto de vista legal, a legislação não deve banir as *deepfakes* – elas serão usadas para o bem e para o mal, para entreter e para enganar. Eu apoio a "Blade Runner Rule": não banir por uma questão de liberdade de expressão, mas garantir o direito das pessoas de saber quando estão interagindo com um robô. Temos de ter leis para isso. Fica permitido usar *deepfake* desde que o conteúdo seja identificado como tal, que não seja abusivo e as pessoas possam saber que é *fake*. Claro que as *deepfakes* serão incrivelmente mais eficazes se as pessoas não souberem que elas existem. Em questões de segurança cibernética, como em saúde pública, os mais vulneráveis são os ignorantes.

Só metade da população está na era digital. Mas há relatos de influência digital mesmo em populações que estão off-line, como comunidades no Sudão do Sul. Uma pessoa plantou histórias em comunidades virtuais de imigrantes do Sudão do Sul em outros países para monitorar quanto tempo levaria para as histórias chegarem ao país. E foi muito rápido.

Se é desafiador para países que há 350 anos estão vivendo sob regimes democráticos, imagina para aqueles que estão só agora experimentando o que é democracia?

Alfabetização digital

Assim como na saúde pública, o esforço da alfabetização digital é de toda a sociedade. Podemos individualmente ensinar as nossas crianças noções de higiene e saúde, mas também existe um papel do governo de ensinar isso nas escolas. E há também um papel das plataformas, que têm de ser proativas. Fazendo um paralelo com a segurança cibernética, anos atrás as plataformas não ofereciam boas dicas para proteger a sua conta de *hackers*. Agora elas proativamente vão te avisar sobre a necessidade de criar uma senha mais forte e de ter dois fatores de verificação. Acredito que as plataformas podem ser igualmente proativas educando os usuários contra ameaças de desinformação. Mas isso vai acontecer quando elas saírem do modo de negação ativa. Não dá para ser proativo se você insiste que isso não é um problema. Não existe uma bala de prata para resolver todos os males: enquanto existir internet e seres humanos, sempre haverá política e conflito. Temos de descobrir como gerir e lidar com os riscos.

Estônia

Alguns países estão sobrevivendo melhor à tempestade. A Estônia é um bom exemplo. Eles têm uma estratégia de governo, ensinam sobre *fake news* nas escolas; não estão em estado de negação. Falam constantemente dos problemas e por isso todo mundo sabe que eles existem. Há enormes desafios, não vai ser fácil, mas não precisamos nos sentir desamparados. Há formas de nos protegermos.

Direita na guerra da desinformação

No início, achávamos que a internet iria empoderar ativistas de direitos humanos – e tivemos a Primavera Árabe. Mas os regimes autoritários aprenderam. E contra-atacaram. Veja o que aconteceu na China[3] depois da Primavera Árabe. Em várias democracias, os movimentos populistas de direita foram os primeiros a se apoderar desse tipo de atividade – em alguns casos, reforçados por uma intervenção russa. Mas, como em todas as batalhas, o outro lado aprendeu e está começando a reagir. Todas as armas podem ser usadas para o bem e para o mal. Gosto muito do exemplo do "Desafio do Balde de Gelo", uma ação para chamar a atenção e arrecadar doações para a Esclerose Lateral Amiotrófica (ELA) e que viralizou. Houve até terroristas e extremistas fazendo o desafio. As táticas não são inerentemente más. É preciso entender a regra do jogo – e não ficar em estado de negação. Entender como funciona um viral não significa que você tenha que ser um teórico da conspiração ou um terrível mentiroso. O melhor contra-ataque é dominar as ferramentas e fazer a verdade viralizar.

NOTAS

1. SINGER, Peter W. *LikeWar: The Weaponization of Social Media*. New York: HMH, 2018.

2. "Negação ativa" é um jogo de palavras com a expressão russa *Active Measures*, usada para descrever ações de guerra conduzidas pelos serviços de segurança e inteligência da antiga União Soviética (e, posteriormente, da Rússia) para influenciar a política global. As práticas, que tiveram início nos anos 1920, incluem manipulação da mídia, desinformação, falsificação de documentos, assassinatos, repressão política e apoio a aliados comunistas no exterior.

3. Em 2011, inspirados pela Primavera Árabe, os chineses começaram a se articular via redes sociais para a realização de manifestações pró-democracia que ficariam conhecidas como "Revolução de Jasmim". Mas o governo conseguiu conter os protestos prendendo ativistas e restringindo a liberdade na internet, com bloqueios aos serviços de mensagem por celular e deletando posts com convocatórias para os protestos.

DENÚNCIA DE *FAKE NEWS* RENDE ATAQUES E PRÊMIOS A JORNALISTA

ENTREVISTA COM PATRÍCIA CAMPOS MELLO

[Mariana Barbosa]

A jornalista Patrícia Campos Mello virou "vidraça" depois de denunciar o uso de disparos automáticos via WhatsApp em uma campanha de desinformação promovida por simpatizantes do então candidato Jair Bolsonaro nas eleições de 2018. Sofreu ameaças, teve o celular hackeado e passou a ser, ela mesma, vítima de *fake news*.

Não está fácil exercer a profissão de jornalista. Em uma era em que os veículos de imprensa viraram a Geni das redes sociais – aquela que não mostra as "verdades" –, os profissionais são alvo frequente de pegadinhas e tentativas de minar a sua credibilidade.

Repórter especial da *Folha de S.Paulo*, Patrícia acompanha há alguns anos o fenômeno da manipulação de narrativas em campanhas eleitorais, não apenas no Brasil, mas também em países como a Índia e os Estados Unidos.

Em 2019, foi agraciada com o Prêmio Internacional de Liberdade de Imprensa do Comitê para Proteção de Jornalistas.

Desde que começou a cobrir ações de desinformação em massa, você virou alvo de ataques nas redes sociais. Como se proteger do assédio que é cada vez mais comum aos jornalistas nas redes?

Posso dizer o que não fazer: nunca declare o seu voto. Pegaram uma entrevista que dei em 2013 para alunos da Pontifícia Universidade Católica de São Paulo (PUC-SP), da classe de jornalismo do meu irmão. Como eu não cubro política, não tinha noção de que um dia isso poderia ser usado contra mim. Então eu tinha um telhado de vidro. Por mais que tenham tirado os qualificativos, eu falei que tinha votado no PT. Não importa se depois eu votei na Marina, ou no Ciro, ou no Alckmin...

Na guerra de narrativas, eles fazem o chamado *opposition research* [pesquisa de oposição]. Pesquisam nas profundezas da web e descobrem qual é o teu flanco. Se você escreve uma matéria sobre pedofilia, vai ter gente que vai pesquisar se o seu tataravô era pedófilo. Se acharem algum indício, vão usar isso para acabar com a credibilidade da sua matéria.

Como foi o seu dia em 18 de outubro, data da publicação da reportagem sobre os disparos por WhatsApp?

Não podia imaginar que a reação seria tão forte. Quando você alia pessoas normais, apoiadores e robôs, a combinação é muito poderosa. Você amplifica as mensagens dos influenciadores mais extremistas de um jeito que parece que todo mundo está falando desse assunto. De fato, tem muita gente falando do assunto espontaneamente. Mas a automatização é que faz bombar e entrar para os Trending Topics [TT] do Twitter. Aí é uma coisa que se retroalimenta. As pessoas olham os TT e falam mais sobre isso. É uma repercussão inflada.

Eu tinha um telhado de vidro: logo que saiu a matéria, o perfil @marqueteirosdojair viralizou o vídeo em que eu falo que votei no PT. Com as legendas mais escrotas, me chamando de vagabunda, comunista, filha da puta. Até determinado ponto, é do jogo. Eu tinha 2 mil seguidores no Twitter, passei para 30 mil, sendo que 28 mil eram *haters* bolsominions me destruindo, falando coisas horrorosas. Mas aí começaram a mandar mensagens privadas ameaçadoras no Facebook, do tipo: "Se você quer a segurança do seu filho de seis anos, saia do país." Começou a ficar esquisito. Saí do Twitter, fechei o Facebook... No dia seguinte, hackearam meu WhatsApp, que passou a disparar mensagens pró-Bolsonaro para os meus contatos. Comecei a receber ligações de pessoas que me xingavam de vagabunda e desligavam. A gota d'água foi quando comecei a ver postagens falando que "a jornalista petista irá mediar um evento, no lugar tal, dia tal. Vão lá confrontá-la".

Mas também recebi apoio de movimentos feministas, alguns desconhecidos mandaram flores. Mas, claro, em um grau muito menor.

Você teve alguma proteção do jornal?

O apoio do jornal foi total, o tempo todo. Algumas ONGs vieram falar com a Maria Cristina Frias (então diretora de redação da *Folha*). Arrumaram um motorista para me levar para casa e trazer para o jornal. Fiquei 15 dias com ele. Foi bom, me deixou mais tranquila.

O que mudou na sua rotina?

Eu de repente virei uma pessoa conhecida. Quando aparecia na portaria do meu prédio, uma moradora aparecia na janela e berrava: "Chupa, PT, comunista." Outro dia fui ao clube com minha mãe e foi a mesma coisa. Quem trabalha em jornal impresso não tem a imagem tão exposta. Mas os memes se encarregaram de tornar a minha cara pública.

O Facebook, com a ferramenta de reconhecimento facial, me apresentou trezentas fotos e memes com o meu rosto ou marcados como se fosse eu. Nem todas eles acertaram. Teve uma foto de uma mulher vinte anos mais velha abraçada com o Haddad, outra dele abraçado com a esposa, Ana Estela, e os memes diziam que era eu.

Teve também um vídeo do Alexandre Frota me chamando de vagabunda, sem-vergonha. Meu filho entrou no YouTube e esse vídeo apareceu para ele.

Ele viu?

Ele viu, disse que era muito feio, mas que queria assistir de novo comigo. Expliquei quem era o Alexandre Frota. Foi um mês infernal, tenso, você fica meio neurótica.

Depois a coisa arrefeceu?

Fiz mais duas reportagens sobre *bots* e uso de *chips* falsificados para disparos em massa em dezembro. Depois disso embarquei para Doha, no Catar, para uma viagem de trabalho. Quando desembarquei, havia duas *fake news* contra mim bombando. A primeira era uma "notícia", veiculada em um perfil *fake* do STF no Twitter, falando que eu havia sido condenada pelo STF a pagar uma indenização de 200 mil reais ao Bolsonaro por falta de provas na matéria dos disparos por WhatsApp. A segunda notícia falsa era que eu havia sido eleita "Brasileira do Ano" pela *Folha* por ser "guardiã da verdade" – prêmio que obviamente não existe. A "notícia" fora divulgada por um dos inúmeros perfis de paródia da Mônica Bergamo (colunista da *Folha*) no Twitter.

Na mesma semana, você havia sido mencionada, com um time de outros jornalistas, como "Pessoa do Ano" pela revista *Time* pelo trabalho em prol da liberdade de expressão em meio à disseminação generalizada de *fake news*.

Essa notícia da *Time* foi muito amplificada pela esquerda, que vestiu a narrativa de ter perdido a eleição por causa dos disparos de *fake news* no WhatsApp. Em reação, surgiu a *fake news* do prêmio falso nos perfis de paródia. Só que algumas pessoas bem-intencionadas, como a Míriam Leitão, o Chico Pinheiro e outros, retuitaram a notícia – e isso deu munição para blogueiros bolsonaristas, que caíram matando em cima da "imprensa tradicional". O próprio Bolsonaro, na época presidente eleito, retuitou uma crítica aos jornalistas que acreditaram na postagem *fake* do prêmio – resultando em mais uma centena de xingamentos e ofensas.

A intensidade das ofensas diminuiu, mas vira e mexe surge uma coisa desse tipo. Outro dia, recebi uma mensagem direta de uma pessoa de Campo Grande – cara de 28 anos, com foto de perfil com o filhinho no Facebook –, dizendo que sabia que eu tinha conta em uma agência bancária dentro do prédio do jornal. A pessoa deu o número da minha conta e disse que "sabia" que eu recebia uma mesada de 70 mil reais do PT. Ameacei processá-lo e depois descobri que horas antes ele havia tuitado que eu e a Mônica Bergamo éramos garotas de programa do PT e que estávamos fazendo depilação íntima para visitar o Lula na prisão.

O que fazer? Sair das redes?

Como jornalista, não tem como sair das redes. Mas a gente fica mais cuidadoso. Fui aos Estados Unidos fazer a cobertura da visita do Bolsonaro e depois a do vice, Hamilton Mourão. Nas duas visitas tinha um fulano de blog bolsonarista que chegava dando corda, falando "esse governo vai cair em três meses". Tenho certeza de que ele estava gravando – como fizeram com a jornalista do *Estadão* Constança Rezende. [Depois de fazer reportagens sobre as movimentações suspeitas de Fabrício Queiroz e Flávio Bolsonaro, a jornalista foi vítima de uma armação, com a distorção de declarações que ela deu para um suposto estudante de jornalismo, "provando" que ela tinha interesses políticos e não jornalísticos.]

Toda hora tem estudante pedindo entrevista. Agora peço para me mandarem currículo e só faço por escrito. Tem sempre uma pegadinha para desacreditar a mídia tradicional.

Está processando alguém?

Avisamos a polícia em relação às ameaças mais graves, mas nada avançou. Processar dá trabalho, tem que gastar com advogado. Exige um esforço.

Você já cobriu ataques de desinformação em eleições no exterior, como na Índia. Vê semelhanças e riscos para a democracia?

Riscos imensos. Quando cobri as eleições na Índia, em 2014, me chamou a atenção como o [então candidato, hoje primeiro-ministro, Narendra] Modi usava o Twitter de maneira muito hábil, fazendo uma comunicação direta, sem intermediários. O Obama também fez isso: preferia fazer *lives* a realizar coletivas de imprensa. Para quê? É sempre melhor não ter que responder a perguntas desagradáveis. Aí você acrescenta o uso de *bots* e pessoas contratadas para impulsionar o discurso e molda uma narrativa. Como Trump com os "fatos alternativos", dizendo que teve muito mais gente na posse dele do que de fato teve. Mas isso não vem de hoje. O [Joseph] Goebbels – ministro da Propaganda nazista – distribuía radinhos para disseminar a mensagem do governo. Só que o equivalente hoje aos radinhos do Goebbels é muito mais eficiente.

Hoje, na Índia, governos ligados ao Modi distribuem celular de graça para aumentar a digitalização – e ele vem com um aplicativo de propaganda do presidente ou de um governador instalado. Ele capta o seu gênero, a sua localização, a sua casta, sua religião. E faz *microtargeting*. Se você é cristão ou hindu, recebe mensagens com conteúdo antimuçulmano, por exemplo.

O populismo de direita é quem domina a narrativa nas redes sociais. O que explica isso na sua visão?

Difícil dizer. No Brasil, a esquerda bobeou. Em setembro de 2018, um colega conversou com um dirigente do PT e perguntou se não estavam preocupados com *fake news*. A resposta foi que estavam preocupados com as "*big fake news*": *Estadão*, *Folha*, *Globo*. Quando se tocaram, já era tarde. Bolsonaro vinha cevando esses grupos havia anos. Uma vez que você tem os grupos montados, com pessoas dispostas a receber esse conteúdo e disseminá-lo, é muito eficiente. A esquerda tinha menos dinheiro para campanha e não percebeu a importância das redes. Há ainda uma discussão de que a esquerda teria mais pruridos. Talvez, não sei.

Entrevistei uma vez o Steve Bannon [ex-assessor político de Trump] e ele falou que as redes sociais tiraram o filtro da imprensa tradicional, abrindo espaço para que candidatos que não eram *mainstream* conseguissem furar o bloqueio "globalista *mainstream* da mídia". A direita estava marginalizada e tinha ansiedade de se expressar. A esquerda, bem ou mal, está mais representada na mídia tradicional.

A imprensa ignora uma parcela da sociedade, e isso gera ressentimento. Acho que falta essa autocrítica por parte da mídia.

A direita cresce com um discurso que é contra a cagação de regra da política identitária, do politicamente correto, que são pautas abraçadas pela mídia tradicional. É simplista achar que as pessoas votam em candidatos populistas de direita porque não têm escolaridade ou são fascistas. A população é mais conservadora. A ditadura do liberalismo de costumes gera reação.

Veja o caso dos imigrantes venezuelanos em Roraima. Não se pode legitimar a xenofobia. Mas não dá para xingar o cara de fascista xenófobo porque você não entende que ele tem direito de estar incomodado pois hoje tem 2 mil pessoas morando na rua e a maternidade está lotada.

É possível afirmar que as *fake news* foram decisivas para as eleições?

Não existe um estudo que mostre de que maneira isso influencia – de pessoas falando que votaram com medo da mamadeira de piroca. De fato, a gente não sabe. Na Índia entrevistei uma pessoa da campanha do BJP, o partido do Modi, e ele disse algo interessante. Que essa onipresença de mensagens afeta o eleitor de duas maneiras: uma é a que, quando você é bombardeado por propaganda política positiva, cria um clima de "já ganhou" – e as pessoas gostam de votar em quem está ganhando. A outra, relacionada às *fake news*, é que elas ganham força devido ao viés de confirmação. Elas alimentam um ponto de vista no qual a pessoa quer acreditar ou já acredita. Essas mensagens dão a sensação de que a pessoa está bem informada, que teve acesso a uma informação privilegiada que passaram para ela e que "a grande mídia não mostra". Até que ponto isso influencia o voto? Como saber? Mas eles parecem ser bem-sucedidos em moldar uma narrativa.

Outro dia, um taxista me falou que a economia não anda pois o Congresso não deixa o Bolsonaro fazer nada. Você molda essa narrativa com as redes, com os *bots*. As pessoas escolhem os fatos em que querem acreditar.

Mas não temos como saber quão determinante isso é em uma eleição. Na eleição de 2018, havia um sentimento muito forte de "fora PT pois o PT rouba". E a equipe do Bolsonaro tinha um método muito eficiente para disseminar essa mensagem e se posicionar como o anti-PT. Mas o Bolsonaro também teve muito tempo de TV por causa da facada. A TV ainda influencia muito. Não dá para exagerar essa influência e dizer que o WhatsApp ganhou a eleição. Mas também não dá para subestimar.

O *paywall* (bloqueio de acesso ao conteúdo dos jornais para não assinantes) é fundamental para remunerar o trabalho dos jornais. Mas isso também significa que só uma elite passa a ter acesso à informação de qualidade. Isso não ajuda no combate à desinformação...

Com o *paywall*, fica mais difícil disseminar informação de qualidade na mesma velocidade. É uma competição desleal.

E o papel das agências de checagem de fatos?

Notícia de checagem de fatos não viraliza. As redes sociais são mais rápidas e mais eficientes. Tem que usar a tecnologia para distribuir os posts de checagem de fatos com a mesma agilidade e intensidade.

Sobre os autores

FERNANDA BRUNO é professora na pós-graduação em Comunicação e Cultura na Universidade Federal do Rio de Janeiro (UFRJ). Foi pesquisadora visitante na Sciences Po, em Paris, e atualmente coordena o MediaLab.UFRJ. É pesquisadora do CNPq desde 2007 e membro-fundadora da Rede Latino-Americana de Estudos em Vigilância, Tecnologia e Sociedade/Lavits.

TATIANA ROQUE é matemática, filósofa e professora da Universidade Federal do Rio de Janeiro (UFRJ). Em 2018, foi candidata a deputada federal pelo PSOL no Rio de Janeiro, alcançando a segunda suplência. É doutora pelo Instituto Alberto Luiz Coimbra de Pós-Graduação e Pesquisa de Engenharia da Universidade Federal do Rio de Janeiro (Coppe-UFRJ) e autora de *História da matemática: Uma visão crítica, desfazendo mitos e lendas* (Zahar, 2012), vencedor do prêmio Jabuti.

FRANCISCO BRITO CRUZ é doutor e mestre em direito pela Universidade de São Paulo (USP). Fundou e é diretor do *think tank* InternetLab. Foi pesquisador visitante no Center for Study of Law and Society, da Universidade da Califórnia, em Berkeley. É advogado e especialista no monitoramento de políticas públicas ligadas à tecnologia e pesquisa sobre as relações entre tecnologia, democracia e sociedade.

EUGÊNIO BUCCI é jornalista e escritor. Professor-titular da Escola de Comunicações e Artes da Universidade de São Paulo (ECA-USP) e colunista do jornal *O Estado de S. Paulo*. Foi presidente da Radiobrás (2003-07). Trabalhou por 15 anos na Editora Abril, onde foi secretário editorial e diretor de redação das revistas *Superinteressante* e *Quatro Rodas*. É autor de *O Estado de Narciso* (Companhia das Letras, 2015) e *A forma bruta dos protestos* (Companhia das Letras, 2016).

DORA KAUFMAN é economista e escritora. Professora da Pontifícia Universidade Católica de São Paulo (PUC-SP) e professora convidada da Fundação Dom Cabral. É doutora em redes digitais pela Escola de Comunicações e Artes da Universidade de São Paulo (ECA-USP), pós-doutora pelo Instituto Alberto Luiz Coimbra de Pós-Graduação e Pesquisa de Engenharia da Universidade Federal do Rio de Janeiro (Coppe-UFRJ) e pelo Programa Tecnologias da Inteligência e Design Digital (Tidd PUC-SP). Foi pesquisadora visitante da Universidade de Nova York e do Alexander von Humboldt Institute for Internet and Society, de Berlim. Colabora com os veículos *Valor Econômico* e *Época Negócios* e é autora de *A Inteligência Artificial irá suplantar a inteligência humana?* (Estação das Letras e Cores, 2019) e *O despertar de Gulliver: Os desafios das empresas nas redes digitais* (Media XXI, 2017).

GILBERTO SCOFIELD JR. é diretor de Estratégia e Negócios da Agência Lupa. Formado em jornalismo, foi diretor de Comunicação da Ancine e consultor de comunicação da Secretaria de Comunicação da Presidência da República. Trabalhou por 15 anos no jornal *O Globo* – foi correspondente do jornal em Pequim e Washington, D.C. É membro da Associação Brasileira de Famílias Homoafetivas e milita pela adoção de jovens.

ALEXANDRE SAYAD é jornalista e educador. Diretor da consultoria ZeitGeist e membro diretivo da aliança GAPMIL, de educação para a mídia, da Unesco. Integra ainda o conselho consultivo do projeto Educamídia, uma parceria do Instituto Palavra Aberta e o Google.org. Cursou especialização em negócios pela Universidade da Califórnia, em Berkeley. É autor de *Idade Mídia: A comunicação reinventada na escola* (Aleph, 2011).

RONALDO PORTO MACEDO JR. é procurador de justiça do Ministério Público do Estado de São Paulo. Professor-titular do departamento de Filosofia e Teoria do Direito da Faculdade de Direito da Universidade de São Paulo (USP), professor de Filosofia Política, Ética e Teoria do Direito da Fundação Getulio Vargas (FGV) e professor de LL.M Legal Theory Program na Goethe University em Frankfurt am Main. Formado em direito e em ciências sociais pela USP, realizou pós-doutoramento no King's College de Londres.

JOEL PINHEIRO é economista e filósofo. É colunista do jornal *Folha de S.Paulo* e da revista *Exame Hoje* (app). Integra a equipe do canal digital MyNews e mantém seu próprio canal de comentário político, econômico e cultural no YouTube.

PETER WARREN SINGER é cientista político e especialista em relações internacionais. Estrategista do *think tank* New America. Coordenou o grupo de trabalho da área de defesa na campanha de Barack Obama, já deu aulas na Universidade Harvard e foi editor da revista *Popular Science*. Foi eleito pela Foreign Policy como um dos cem maiores pensadores globais. E também atua como consultor para séries de TV e para a indústria do cinema. É autor de *LikeWar: The Weaponization of Social Media* (Eamon

Dolan/ Houghton Mifflin Harcourt, 2018) e *Corporate Warriors: The Rise of the Privatized Military Industry* (Cornell University Press, 2007), entre outros.

PATRÍCIA CAMPOS MELLO é jornalista. Repórter especial e colunista da *Folha de S.Paulo* e *senior fellow* do Centro Brasileiro de Relações Internacionais (Cebri). Foi correspondente em Washington, D.C., pelo jornal O *Estado de S. Paulo* e vencedora do Prêmio Internacional de Liberdade de Imprensa do Comitê para Proteção de Jornalistas (CPJ), do prêmio Internacional de Jornalismo Rei da Espanha e do prêmio de Jornalismo Humanitário da Cruz Vermelha, entre outros. É autora de *Lua de mel em Kobane* (Companhia das Letras, 2017).

MARIANA BARBOSA é jornalista formada pela Pontifícia Universidade Católica de São Paulo (PUC-SP), com especialização em política internacional pela London School of Economics. É colaboradora do site de economia e negócios *Brazil Journal*. Trabalhou nos jornais *O Estado de S. Paulo* e *Folha de S.Paulo* e foi correspondente freelancer em Londres (1995-2000). Foi também gerente de comunicação na Endless, uma startup de São Francisco.

ORGANIZAÇÃO
Mariana Barbosa

EDITORA-CHEFE
Isabel Diegues

EDIÇÃO
Natalie Lima

GERENTE DE PRODUÇÃO
Melina Bial

REVISÃO
Mariana Delfini

REVISÃO FINAL
Eduardo Carneiro

PROJETO GRÁFICO
Rara Dias

DIAGRAMAÇÃO
Mari Taboada

CAPA
Felipe Braga

IP-BRASIL. CATALOGAÇÃO
NA PUBLICAÇÃO
SINDICATO NACIONAL DOS
EDITORES DE LIVROS, RJ

P887

Pós-verdade e fake news : reflexões sobre a guerra de narrativas / organização Mariana Barbosa. - 1. ed. - Rio de Janeiro: Cobogó, 2019.

128 p. ; 21 cm.

ISBN: 978-85-5591-095-1

1. Jornalismo - Brasil. 2. Comunicação de massa - Aspectos sociais. 3. Fake news. I. Barbosa, Mariana.
19-59970 CDD: 070.4
CDU: 070.16

Vanessa Mafra Xavier Salgado -
Bibliotecária – CRB-7/6644

Nesta edição, foi respeitado o Acordo Ortográfico da Língua Portuguesa de 1990, que entrou em vigor no Brasil em 2009.

Editora de Livros Cobogó
Rua Jardim Botânico, 635/406
Rio de Janeiro – RJ – 22470-050
www.cobogo.com.br

2022

1ª reimpressão

Este livro foi composto em Chaparral Pro.
Impresso pela BMF Gráfica e Editora sobre papel Pólen Bold 70g/m².